Chinese Academic

WRITING

汉语学术论文写作

辛平 李海燕 张文贤 ◎编著

图书在版编目(CIP)数据

汉语学术论文写作 / 辛平,李海燕,张文贤编著. 北京：北京大学出版社,2025.1. --ISBN 978-7-301-36012-5

Ⅰ.H1

中国国家版本馆CIP数据核字第2025B080H5号

书　　名	汉语学术论文写作 HANYU XUESHU LUNWEN XIEZUO
著作责任者	辛　平　李海燕　张文贤　编著
责任编辑	崔　蕊
标准书号	ISBN 978-7-301-36012-5
出版发行	北京大学出版社
地　　址	北京市海淀区成府路205号　100871
网　　址	http://www.pup.cn　新浪微博：@北京大学出版社
电子邮箱	zpup@pup.cn
电　　话	邮购部 010-62752015　发行部 010-62750672 编辑部 010-62754144
印 刷 者	大厂回族自治县彩虹印刷有限公司
经 销 者	新华书店
	787毫米×1092毫米　16开本　18印张　242千字 2025年1月第1版　2025年1月第1次印刷
定　　价	68.00元

未经许可,不得以任何方式复制或抄袭本书之部分或全部内容。
版权所有,侵权必究
举报电话: 010-62752024　电子邮箱: fd@pup.cn
图书如有印装质量问题,请与出版部联系,电话: 010-62756370

前言

自2017年秋季学期起，北京大学给本科留学生开设学术汉语写作课，作为全校通选课。对外汉语教育学院辛平、李海燕、张文贤三位老师作为授课教师组成了课程小组，承担了学术汉语写作课的课程建设任务。课程开设之初，可供参考的学术汉语写作方面的教材不多，我们参考已有的学术论文写作教材，结合学生学术论文写作的实际需求，制定了教学大纲，初步确定了教学内容。之后在授课过程中，根据实际教学情况，我们对教学内容和授课形式进行了多次调整，课程内容逐渐确定下来。课程获得了积极的评价，成为学生选课的热门课程之一，每学期选课人数都爆满，上课前总有没选上课的学生等候退选空出的名额。

经过七年的教学实践，在北京大学出版社崔蕊编辑的鼓励下，学术汉语写作课的教学材料作为《汉语学术论文写作》一书正式出版，成为课程建设过程中的一个里程碑。

本教材的使用对象为学习写作汉语学术论文的本科生、研究生。学习目标为了解汉语学术论文的写作规范、训练学术思维、掌握学术表达，能够用汉语写作符合规范的研究性论文。教材的特点是知识性与实践性结合，学术表达与学术思维训练双线并重，练习丰富，课堂操作性强。

学术论文写作的学习者也是学术研究的新手，因此在教学过程中除了学习论文的结构、各部分的功能以及常用的语言形式外，学术思维的训练也不可或缺。学术论文是研究问题、学术观点、研究过程和研究结论的符合学术团体规约的学术语言的表达，学术思想是学术表达的核心层面，特别是在人工智能的背景下，学术论文写作更应该侧重对学术思维的训练。这些教学理念都体现在《汉语学术论文写作》教材中。教材的主线是学术表达和学术思维训练。教材一共12讲，使用时长为一个学期16周。主要包含三个部分的内容：学术阅读与批判性思维训练；文献概括、论文提纲与逻辑；论文主要结构的功能和写法。

汉语学术论文写作教学不只是知识传授，更重要的是在学术阅读和写作的实践中，熟悉学术论文的规范，培养学术思维，学会学术表达，因此了解学生实际阅读和写作过程中的问题十分重要。这一理念体现在教材体例的设计上。教材每讲包括学习目标设定、结合例文进行知识性内容的讲解和练习三个板块，在第2、4—8、10—12讲中设立了"常见问题例释"，分析部分是对"常见问题"的分析并附有修改提示。练习主要有三类：1.知识性练习；2.实际操作性练习；3.语言方面的练习。练习侧重实际操作性，题型丰富、数量多，可以作为学生课后作业，也可以作为教师设计课堂教学活动时的参考。

虽然教材的内容已经使用了多年，但一定还存在需要改进的地方，真诚希望得到教材使用者的反馈和建议。

目录

第一讲　汉语学术论文的语言特点 …………………………… 001
第二讲　文献查找与筛选 ………………………………………… 024
第三讲　文献阅读 ………………………………………………… 051
第四讲　文献概括与文献综述 …………………………………… 072
第五讲　读书报告的写法 ………………………………………… 096
第六讲　论文的题目 ……………………………………………… 120
第七讲　引言与引用 ……………………………………………… 133
第八讲　论文的逻辑与连接 ……………………………………… 164
第九讲　研究方法与表述 ………………………………………… 195
第十讲　对比论证 ………………………………………………… 215
第十一讲　论文的结语 …………………………………………… 240
第十二讲　论文的摘要与关键词 ………………………………… 257

部分练习参考答案 ………………………………………………… 273

第一讲　汉语学术论文的语言特点

学习目标

1. 了解学术论文的结构及学术论文的交际目的
2. 了解学术论文语言上的特点

　　学术论文（下文也称为"论文"）包括期刊论文、学位论文、读书报告、文献综述、书评等学术文本形式。

　　学术论文是说明研究成果的一种体裁，是"对某个学科领域中的学术问题进行研究后，记录科学研究的过程、方法及结果，用于进行学术交流、讨论或出版发表，或用作其他用途的书面材料"[①]。学术论文具有明显的规约化特点，在宏观结构和语言表达上都有较强的规范性。学术论文的读者一般是特定的群体，具有话语共同体的性质。

　　学术论文写作的目的是介绍自己的研究成果，说明研究过程，并让读者认可研究结论。为实现这一目的，就要使用客观、平和的基调，简明扼要地介绍研究背景，详细叙述研究过程，深入分析研究结论，

---

① 《学术论文编写规则》（GB/T 7713.2—2022），国家市场监督管理总局、国家标准化管理委员会发布。

使研究结果具有一定的说服力。

由于交际目的不同，与其他体裁的语篇相比，汉语学术论文具有较强的说服性、抽象性和客观性，注重表达的准确性、明确性，而互动性和叙事性不强。

学术论文在结构、功能和语言使用上都具有较为明显的特点。

学术论文的结构

学术论文一般包括以下三个部分：

1. 前置部分，包括题名、作者信息、摘要和关键词。

2. 正文部分（main body），论文的核心部分，通常由引言开始，描述相关理论、实验（试验）、方法、假设和程序，陈述结果并进行讨论分析，阐明结论，以参考文献结尾。

3. 附录部分。

1. 前置部分

（1）题名

题名是论文的总纲，是反映论文中重要特定内容的恰当、简明的词语的逻辑组合。题名中的词语应有助于选定关键词和编制题录、索引等二次文献所需的实用信息，应使用标准术语、学名全称、药物和化学品通用名称，一般不宜超过 25 字。

下列情况可以有副题名：题名语义未尽，用副题名补充说明论文中的特定内容；研究成果分几篇报道，或是分阶段的研究成果，各用不同的副题名以区别特定的内容；其他有必要用副题名作为引申或说明者。

（2）作者信息

作者信息一般包括作者姓名、工作单位及通信方式等。

（3）摘要

摘要是对论文不加注释和评论的简短陈述。应具有独立性和自明性，即不阅读全文就可以获取必要的信息。摘要的内容通常包括研究的目的、方法、结果和讨论。

中文摘要的字数原则上应与论文中的成果多少相适应，一般情况下为 300 ～ 400 字。外文摘要可以比中文摘要包含更多的信息。

（4）关键词

关键词是为了便于文献检索从题名、摘要或正文部分选取出来的用以表示论文内容的词或者词组。关键词要有检索意义，不应使用太泛指的词，比如“方法”“理论”“分析”等。每篇论文的关键词通常为 3 ～ 8 个。

中国电化教育．2017(12)　查看该刊数据库收录来源

记笔记　印刷版

大数据视阈下当代大学生消费行为新特征的调查研究

李静[1]　沈书生[2]　刘芳铭[3]　佟元之[1]

1. 徐州幼儿师范高等专科学校信息网络中心　2. 南京师范大学教育科学学院　3. 上海财经大学马克思主义学院

摘要： 当代大学生作为我国最具消费潜能的核心消费群体之一，新时期下其独特的消费理念和行为出现了新特征，引起了社会各界的关注，具有很大的研究价值。该文基于苏沪5地高校调研，在大数据分析技术的支持下，使用SPSS22.0数据处理软件，通过分析当代大学生消费结构及水平、消费观念、消费行为、消费渠道、信用消费等变化及与学业绩效的关系，探索新时期大学生消费行为新特征，寻求当代大学生消费价值观教育方式及行为引导路径，为大学生学业教育及理性消费教育提供综合线索和支持。

关键词： 大数据；大学生消费；新特征；

基金资助： 2015年度江苏省教改重点课题“江苏省高职院校智慧校园建设规范研究”(项目编号:2015JSJG070)；中国高等教育学会教育信息化2014年度教育信息化专项资助课题“幼师高专幼儿园教育信息化公共服务平台有效应用研究”(项目编号:2014XXH1206YB)的阶段性研究成果；

专辑： 社会科学Ⅱ辑;经济与管理科学

专题： 高等教育;贸易经济

分类号： F713.55;G641

图 1-1

2. 正文部分

（1）引言

学术论文一般有引言。引言内容通常包括研究的背景、目的、理由、预期结果及其意义和价值。在写作上，引言要切合主题、言简意赅，突出重点、创新点，客观评介前人的研究，如实介绍作者自己的成果。

（2）主体

主体部分是论文的核心，占论文的主要篇幅，论文的论点、论据和论证均在此部分阐释或展示。

主体部分应完整描述研究工作的理论、方法、假设、技术、程序、参数选择，清晰说明使用的关键设备装置、仪器仪表、材料原料，或者涉及的研究对象等，以便本专业领域的读者依据这些描述重复研究过程；应详细陈述研究工作的过程、步骤及结果，提供必要的插图、表格、计算公式、数据资料等信息，并对其进行适当的说明和讨论。

主体部分的结构，一般由具有逻辑关系的多章构成，如理论分析、材料与方法、结果讨论等内容。

（3）结论

结论是对研究结果和论点的提炼与概括，不是摘要或者主体部分中各章节小结的简单重复。在写作上，结论要客观、准确、精练、完整。

如果推导不出结论，也可以没有"结论"而写"结束语"，进行必要的讨论，在讨论中提出建议或待研究解决的问题等。

（4）参考文献

论文中应引用与研究主题密切相关的参考文献。

参考文献的著录项目、著录符号、著录格式以及参考文献在文中的标注法，应符合 GB/T 7714—2015 的规定。

3. 附录部分

附录部分是以附录的形式对正文部分的有关内容进行的补充说明。

论文一般不设附录，但那些编入正文部分会影响编排的条理性和逻辑性、有碍论文结构的紧凑性、对突出主题有较大价值的材料，可作为附录编排于论文的末尾。

学术论文和其他体裁的差异

汉语学术论文的体裁特点反映在结构和语言层面。

学术论文在结构上包括说明研究内容、介绍研究背景、叙述研究过程、分析研究结论等部分。学术汉语是典型的书面语体，语言简明、准确、客观，尽量不带主观感情色彩，不用比喻、夸张等手法。书面语体裁常见的有记叙文、散文、新闻报道、议论文等，学术论文与记叙文、散文、新闻报道等文体有较为明显的区别，与议论文有相近之处，容易混淆，但学术论文与议论文在交际功能上有较大的不同。议论文也叫论说文、说理文，主要针对某一论点、话题或者材料，通过摆事实、讲道理，论述自己的观点，表明赞成什么，反对什么。议论文包括对某一社会现象或生活现象的认识、对某一种思想观点的看法、对某一受人关注的问题的主张等。议论文的主要功能是说服别人同意自己的观点，因此重点是提出观点，通过举例或分析论证的方法，帮助说明其观点的合理性。因此议论文中不包括研究背景、研究方法、研究过程以及对研究结论的分析等内容。所以说学术论文和议论文的差别很明显。

从以下语段中，我们可以很清楚地看出哪一段属于学术论文。

例 1[①]

　　随着社会的发展，网络如同一列快车加速了时代的进步，引领着我们走向包罗万象的大千世界。网络，在二十一世纪俨然成了人们的新宠儿。俗话说：秀才不出门，便知天下事。在网络高度发达的今天，这点简直易如反掌。坐在电脑前，鼠标轻轻一点，世界尽在眼前：幽默诙谐的视频、笑话，为我们的生活增添了一份生动；趣闻轶事使我们大开眼界；大好河山使我们增长见识；动听的音乐使我们放松心情；读书购物，使我们生活便捷……网络世界丰富多彩——喜欢默默聆听的，可以尽情阅览；喜欢张扬个性的，可以展示自我。它既有图书馆的宁静，又有狂欢派对的热闹，真是个"奇妙的混合体"。我们的生活越来越依赖网络。

　　（https://www.yuwenmi.com/zw/287631.html,《网络的利与弊作文　篇3》，2023年6月8日访问）

例 2

　　信息社会的一个非常典型的特征就是人们学习、工作和生活的网络化，网络的发展给这几个方面带来了本质变化。特别是学习，不再局限于学校和教室，学习对象也不仅仅是书本与教师。高校教育信息化主要表现为教学环境的电子化、多媒化、网络化以及教学资源的数字化。……网络在现今的校园已不再是新鲜事情，但是大学生和网络的关系却是不小的话题。为此，我们对青海民族大学11个院（系）的446名拥有个人电脑的学生进行了访谈和问卷调查，以期能获得他们网络生活与学习的基本信息，进而通过分析得到一些有价值的结论。

　　（王静，《大学生网络生活状况调查分析——以青海民族大学学生为例》，《中国商贸》2013年第15期）

[①] 有些引文的原文在语言表达上不够规范，本书引用时略有改动。

例 3

  曲曲折折的荷塘上面，弥望的是田田的叶子。叶子出水很高，像亭亭的舞女的裙。层层的叶子中间，零星地点缀着些白花，有袅娜地开着的，有羞涩地打着朵儿的；正如一粒粒的明珠，又如碧天里的星星，又如刚出浴的美人。微风过处，送来缕缕清香，仿佛远处高楼上渺茫的歌声似的。

（朱自清《荷塘月色》）

例 4

  9月30日晚，时任香港互联网专业协会副会长的黄丽芳女士，来到北京大学新媒体研究院，为新媒体与网络传播课堂上的同学们带来了一场主题为"香港新媒体发展情况"的精彩讲座，令在场师生获益良多。目前，香港智能手机用户在社交网络中非常活跃，……黄丽芳女士指出，18–34岁是其中的主要用户群体，他们在社交媒体上日均花费2.5小时与朋友实时通讯、接收及发送信息、浏览信息等。

  此后，黄丽芳女士介绍了政治化色彩浓厚的香港高登网络文化。

  ……

  随后，在场师生与黄丽芳女士就香港新媒体的发展情况进行了深入探讨和交流。

  （http://snm.pku.edu.cn/info/1030/1679.htm，北京大学新媒体研究院2015年12月14日"黄丽芳女士为新媒体研究院师生进行'香港新媒体发展情况'专题讲座"，2020年5月4日访问）

例 5

　　当月球运行至一个特别的位置，即太阳、月亮及地球连成一线时，月亮将遮掩太阳的光芒，在地球上投下阴影，在阴影的不同区域，可观测到不同的日食现象。在月亮的本影区，即月亮完全遮住太阳的地区，可以看到日全食；在月亮的半影区，即月亮部分遮住太阳的地区，可以看到日偏食；在月亮的伪影区，即月亮遮住日面中心，但边缘仍可见的地区，可以看到日环食。其中日全食和日环食不会在地球上同时被看到。

　　（《日全食的形成原因及发生过程是怎样的》，百度文库，2022 年 8 月 3 日访问）

　　上边的 5 个例子，除了例 2 以外都不是学术论文。例 1 中使用了很多修辞手法（比喻、排比等），如"如同一列快车加速了时代的进步"，不符合学术论文的语言特点。例 3 中名词、动词之前有很多充满诗意的修饰语，是文学性语篇。例 4 是典型的新闻语篇，以时间为纲，报道了一个事件的过程。例 5 是一篇科普文章，主要是用通俗易懂的语言解释一个自然现象。

学术论文的语言特点

　　学术论文逻辑条理清晰、语言简洁，是以书面的形式呈现的，语体上是相对正式的书面语体。论文具有抽象性、客观性的特点，而不具备互动性、叙事性。这些特点都是和论文的交际功能相关的，也体现在论文的语言上。比如论文中较少使用"我、你"等代词，在指称作者时，使用"本文、本研究、笔者、我们"；使用"进行 / 加以 / 给予 / 予以 + 动词"，多使用双音节动词，增加动词的名词化倾向，弱化动词的动作性；较少使用"毋庸置疑、显而易见、非常"等绝对化的词语，而多使用"在一定程度上、在相当大的范围内"等模糊性的限制性词语。论文中也保留了一些文言成分，如"尚未形成规模、此类论文尚不多见、综上所述、基于、鉴于、旨在"等词语。

以下画线的词语常出现在学术论文中：

（1）<u>鉴于</u>特朗普"美国第一"执政理念以及跨大西洋两岸极端右翼政治影响上升，欧美关系将面临民族国家利益优先、民粹主义、市场保护主义及多边主义危机等诸多挑战。

（2）本文<u>旨在</u>探讨中国城市居民代际资源交换的模式并检验"父母投资有效地提高了子女为父母提供赡养的概率"的理论假设。

（3）<u>本文认为</u>，虽然欧洲在2016年很难完全解决乌克兰危机和难民危机，但是通过欧盟及其成员国的努力，这两个危机还是能得到控制的。

（4）<u>研究发现</u>，权力机制在家庭资源代际分配中发挥着一定的作用。

（5）<u>研究发现</u>，中国国民幸福感在过去10年内一直处于上升趋势，不同政治身份、户口类型、年龄、收入、婚姻状况、民族等群体的幸福感在过去10年都有不同程度的提高。

从上边5个例子中我们可以看到，学术论文中使用了包含文言成分的词语"鉴于、旨在"，以及用来说明研究结果的词语"本文认为、研究发现"。"发挥……作用、处于……趋势"等也是学术论文常用的词语搭配。这些都体现了汉语学术论文语言上的特点。

:: 练习 ::

一、一般的学术论文包括哪三个部分？

二、论文的前置部分和正文部分都包含哪些内容？

论文的前置部分包括：

论文的正文部分包括：

三、在括号内填上合适的内容。

1. 摘要的内容通常包括研究的（　　　　　　）。
2. 论文的题名一般不宜超过（　　　）字。
3. 一篇论文的中文摘要一般（　　　）字比较合适。
4. 一篇论文的关键词通常为（　　　）个。

四、学术论文和议论文在交际功能上有哪些不同？

五、举例说明学术论文语言上的特点。

六、下面的三段文字，哪几段是学术论文中的一部分？为什么？

1. 中国有句老话，叫作"宁做鸡头，不做凤尾"，意思是说宁可在一个低层次的圈子里做一个领军人物，也不愿意在高级别的单位跟在别人后面做一个没有出头之日的小人物。"鸡头"和"凤尾"只不过是一种形象的比喻。在一项针对大学生的调查中，愿意大学毕业后走上社会做"鸡头"的比例比愿做"凤尾"的高出几个百分点。为什么有那么多的人愿意做"鸡头"呢？我认为有以下原因……

2. 现代人平时工作很忙，到了假日，往往喜欢与亲朋好友一起出去旅行。在出门之前，我们想为您提个醒，旅行中必须随身携带的东西您是否都准备齐全了？万一落下一两样，到了该用的时候，您可就抓瞎了。

3. 文化一直是一个较难定义的概念，它可以有极其深厚的内涵和广阔的外延。因此，在国际关系理论中，还没有一个被广泛接受的文化概念。但是为了便于讨论文化在国际关系中的作用，有必要对文化的概念加以限定。我们可以对比以下几个关于文化的认识，给出本文对文化的定义。

七、阅读下列每组句子，说明其中 a 和 b 哪一段可能用在学术论文中。

1. a. 西方一些早期的宗教领袖被当作先知，垄断了神意，而且还用这种垄断的身份压制其他的对于上帝的信仰方式，是一种最要不得的做法。

   b. 西方一些早期的宗教领袖被当作先知，不仅垄断了神意，并以这种垄断的身份压制其他的对于上帝的信仰方式，为此备受后世诟病。

2. a. 林楠把汉语教材、英语教材和日语教材放在一起做了对比，发现……

   b. 林楠对比分析了汉语教材、英语教材和日语教材，发现……

3. a. 自由主义不同程度地后退，成了国家主义。
   b. 自由主义不同程度地后退至国家主义。

4. a. 文化与文化相处，最根本的就是对话，对话是一种面对面的关系，并不是我的思想把你的覆盖、同化。
   b. 文化与文化相处，最根本的就是对话，对话是一种面对面的关系，而不是一种文化覆盖、同化另一种文化。

八、给下面的句子加上标点符号。

1. 数字图书馆的实际研究在我国已有 8 年时间　我国在数字图书馆探索上取得了不少成就　但也存在一些问题。

2. 本文从国家　国际和全球三个层面来具体分析文化在国际关系中的作用　在国家层面　文化既是一个国家制定政策的背景　又是国家实力的一部分　在国际层面　文化是霸权国家和反霸权国家间斗争的重要方面　与国际合作和国际冲突有非单向的关系　在全球层面　全球化催生的全球文化对国际关系会起到良性的作用。

3. 本文主要对城市化的概念　城市化的测度　城市化的基本理论以及中国当前研究的基本问题等方面进行了综述　从而为进一步对城市化问题的研究提供基础的理论支撑。

4. 　老人与海　是海明威最优秀的中篇小说　它围绕一位老年古巴渔夫与一条巨大的马林鱼在离岸很远的湾流中搏斗而展开故事的讲述　以其独特的艺术风格为世人所称道。

九、请修改下列语句在语言表达上的不当之处。

1. 通过该课学习,全面的认识音乐的价值,提高学生的审美能力,净化人们的心灵,让学生赏心悦目。

2. 本课根据时代背景、创作意图、思想内容、结构特点、以及作者的生平,对全球的好歌名曲和经久不衰的经典音乐进行分析。

3. 通过三篇文章可知,现在网络在大学生的生活当中得到了广泛地运用,已经离不开大学生的学习和生活。

4. 青海民族大学物电学院的王静为了得到一些关于大学学生与网络的关系的有价值的结论,对青海民族大学学生利用网络学习和生活的情况进行了访谈和问卷调查。

5. 实习摄影部分让学生直接用各类的相机,熟练拍照。通过摄影课程,学生能够拍自己想拍的照片,体会构图。

附录 1

GB/T 7713.2—2022

附录 A

（规范性）
学术论文的构成元素

表 A.1 规定了学术论文的构成元素。

表 A.1　学术论文的构成元素

组成		必备性	功能
前置部分	题名	必备	提供题名元数据信息
	作者信息	必备	提供作者元数据信息
	摘要	必备	提供摘要元数据信息
	关键词	必备	提供关键词元数据信息
	其他项目	部分必备或可选	提供管理与利用元数据信息
正文部分	引言	必备	内容
	主体	必备	内容
	结论	有则必备	内容
	致谢	可选	内容
	参考文献	必备	结构元数据
附录部分	附录	有则必备	结构元数据

附录 B

（资料性）

学术论文中使用的字号和字体

学术论文编写中各部分文字使用的字号和字体可参考表 B.1。

表 B.1 学术论文中使用的字号和字体

组成部分	文字内容	字号和字体
前置部分	中文题名	小 2 号黑体
	作者姓名	小 4 号楷体
	工作单位及通信方式	小 5 号宋体
	中文摘要、关键词	引题小 5 号黑体，内容小 5 号仿宋
	英文题名	4 号黑体
	英文作者姓名	5 号宋体
	英文工作单位及通信方式	小 5 号宋体
	英文摘要、关键词	引题小 5 号黑体，内容小 5 号宋体
	其他项目	小 5 号宋体
正文部分	引言、主体、结论的章编号和标题	小 4 号黑体
	引言、主体、结论的节编号和标题	5 号黑体
	引言、主体、结论的正文内容	5 号宋体
	插图、表格编号和标题	小 5 号黑体
	表格内容、表注和图注	小 5 号宋体
	致谢	引题 5 号黑体，内容 5 号楷体
	参考文献	引题（及章编号）小 4 号黑体，内容小 5 号宋体
附录部分	附录	编号、标题小 4 号黑体，内容 5 号宋体

附录 2

标点符号用法简表

（摘录自 GB/T 15834—2011 标点符号用法）

名称	符号	用法说明	举例
句号	。	1. 用于句子末尾，表示陈述语气。	北京是中华人民共和国的首都。
		2. 有时也可表示较缓和的祈使语气和感叹语气。	请您稍等一下。
问号	？	1. 用于句子末尾，表示疑问语气（包括反问、设问等疑问类型）。	你怎么还不回家去呢？
		2. 选择问句中，通常只在最后一个选项的末尾用问号，各个选项之间一般用逗号隔开。	诗中记述的这场战争究竟是真实的历史描述，还是诗人的虚构？
		3. 在多个问句连用或表达疑问语气加重时，可叠用问号。	这就是你的做法吗？你这个总经理是怎么当的？？你怎么竟敢这样欺骗消费者？？？
		4. 问号也有标号的用法，即用于句内，表示存疑或不详。	马致远（1250？—1321），大都人，元代戏曲家、散曲家。
叹号	！	1. 用于句子末尾，主要表示感叹语气，有时也可表示强烈的祈使语气、反问语气等。	你给我住嘴！
		2. 用于拟声词后，表示声音短促或突然。	咔嚓！一道闪电划破了夜空。
		3. 表示声音巨大或声音不断加大时，可叠用叹号；表示强烈语气时，也可叠用叹号，最多叠用三个叹号。	轰！！在这天崩地塌的声音中，女娲猛然醒来。
		4. 当句子包含疑问、感叹两种语气且都比较强烈时，可在问号后再加叹号。	这么点困难就能把我们吓倒吗？！

续表

名称	符号	用法说明	举例
逗号	，	1. 复句内各分句之间的停顿，除了有时用分号，一般都用逗号。	不是人们的意识决定人们的存在，而是人们的社会存在决定人们的意识。
		2. 用于下列各种语法位置：较长的主语之后；句首的状语之后；较长的宾语之前；带句内语气词的主语之后，或带句内语气词的并列成分之间；较长的主语中间、谓语中间或宾语中间；前置的谓语之后或后置的状语、定语之前。	（1）苏州园林建筑各种门窗的精美设计和雕镂功夫，都令人叹为观止。 （2）在苍茫的大海上，狂风卷集着乌云。
		3. 用于下列各种停顿处：复指成分或插说成分前后；语气缓和的感叹语、称谓语或呼唤语之后；某些序次语之后。	（1）车，不用说，当然是头等。 （2）哎哟，这儿，快给我揉揉。 （3）下面从三个方面讲语言的污染问题：首先，是特殊语言环境中的语言污染问题；其次，是滥用缩略语引起的语言污染问题；再次，是空话和废话引起的语言污染问题。
顿号	、	1. 用于并列词语之间。	这里有自由、民主、平等、开放的风气和氛围。
		2. 用于需要停顿的重复词语之间。	他几次三番、几次三番地辩解着。
		3. 用于某些序次语之后。	我准备讲两个问题：一、逻辑学是什么？二、怎样学好逻辑学？
		4. 相邻或相近两数字连用表示概数通常不用顿号。若相邻两数字连用为缩略形式，宜用顿号。	农业是国民经济的基础，也是二、三产业的基础。

续表

名称	符号	用法说明	举例
		5. 标有引号的并列成分之间、标有书名号的并列成分之间通常不用顿号。若有其他成分插在并列的引号之间或并列的书名号之间，宜用顿号。	办公室里订有《人民日报》(海外版)、《光明日报》和《时代周刊》等报刊。
分号	；	1. 表示复句内部并列关系的分句之间的停顿。	语言文字的学习，就理解方面说，是得到一种知识；就运用方面说，是养成一种习惯。
		2. 表示非并列关系的多重复句中第一层分句之间的停顿。	人还没看见，已经先听见歌声了；或者人已经转过山头望不见了，歌声还余音袅袅。
		3. 用于分项列举的各项之间。	特聘教授的岗位职责为：一、讲授本学科的主干基础课程；二、主持本学科的重大科研项目；三、领导本学科的学术队伍建设；四、带领本学科赶超或保持世界先进水平。
冒号	：	1. 用于总说性或提示性词语之后，表示提示下文。	北京紫禁城有四座城门：午门、神武门、东华门和西华门。
		2. 表示总结上文。	张华上了大学，李萍进了技校，我当了工人：我们都有美好的前途。
		3. 用在需要说明的词语之后，表示注释和说明。	(本市将举办首届大型书市。)主办单位：市文化局；承办单位：市图书进出口公司；时间：8月15日—20日；地点：市体育馆观众休息厅。
		4. 用于书信、讲话稿中称谓语或称呼语之后。	同志们、朋友们：……

续表

名称	符号	用法说明	举例
		5. 一个句子内部一般不应套用冒号。在列举式或条文式表述中，如不得不套用冒号时，宜另起段落来显示各个层次。	第十条 遗产按照下列顺序继承： 第一顺序：配偶、子女、父母。 第二顺序：兄弟姐妹、祖父母、外祖父母。
引号	" " ' '	1. 标示语段中直接引用的内容。	李白诗中就有"白发三千丈"这样极尽夸张的语句。
		2. 标示需要着重论述或强调的内容。	这里所谓的"文"，并不是指文字，而是指文采。
		3. 标示语段中具有特殊含义而需要特别指出的成分，如别称、简称、反语等。	电视被称作"第九艺术"。
		4. 当引号中还需要使用引号时，外面一层用双引号，里面一层用单引号。	他问："老师，'七月流火'是什么意思？"
		5. 独立成段的引文如果只有一段，段首和段尾都用引号；不止一段时，每段开头仅用前引号，只在最后一段末尾用后引号。	我曾在报纸上看到有人这样谈幸福： "幸福是知道自己喜欢什么和不喜欢什么。…… "幸福是知道自己擅长什么和不擅长什么。…… "幸福是在正确的时间做了正确的选择。……"
		6. 在书写带月、日的事件、节日或其他特定意义的短语（含简称）时，通常只标引其中的月和日；需要突出和强调该事件或节日本身时，也可连同事件或节日一起标引。	"5·12"汶川大地震

续表

名称	符号	用法说明	举例
括号	（ ）	标示下列各种情况，均用圆括号： （1）标示注释内容或补充说明。 （2）标示订正或补加的文字。 （3）标示序次语。 （4）标示引语的出处。 （5）标示汉语拼音注音。	（1）我校拥有特级教师（含已退休的）17人。 （2）信纸上用稚嫩的字体写着："阿夷（姨），你好！" （3）语言有三个要素：（1）声音；（2）结构；（3）意义。 （4）他说得好："未画之前，不立一格；既画之后，不留一格。"（《板桥集·题画》） （5）"的（de）"这个字在现代汉语中最常用。
破折号	——	1. 标示注释内容或补充说明。	一个矮小而结实的日本中年人——内山老板走了过来。
		2. 标示插入语。	这简直就是——说得不客气点——无耻的勾当！
		3. 标示总结上文或提示下文。	坚强，纯洁，严于律己，客观公正——这一切都难得地集中在一个人身上。
		4. 标示话题的转换。	"好香的干菜，——听到风声了吗？"赵七爷低声说道。
		5. 标示声音的延长。	"嘎——"传过来一声水禽被惊动的鸣叫。
		6. 标示话语的中断或间隔。	"班长他牺——"小马话没说完就大哭起来。
		7. 标示引出对话。	——你长大后想成为科学家吗？ ——当然想了！

续表

名称	符号	用法说明	举例
		8. 标示事项列举分承。	根据研究对象的不同，环境物理学分为以下五个分支学科： ——环境声学； ——环境光学； ——环境热学； ——环境电磁学； ——环境空气动力学。
		9. 用于副标题之前。	飞向太平洋——我国新型号运载火箭发射目击记
		10. 用于引文、注文后，标示作者、出处或注释者。	先天下之忧而忧，后天下之乐而乐。——范仲淹
省略号	……	1. 标示引文的省略。	我们齐声朗诵起来："……俱往矣，数风流人物，还看今朝。"
		2. 标示列举或重复词语的省略。	他气得连声说："好，好……算我没说。"
		3. 标示语意未尽。	你这样干，未免太……！
		4. 标示说话时断断续续。	她磕磕巴巴地说："可是……太太……我不知道……你一定是认错了。"
		5. 标示对话中的沉默不语。	"还没结婚吧？" "……"他飞红了脸，更加忸怩起来。
		6. 标示特定的成分虚缺。	只要……就……
		7. 在标示诗行、段落的省略时，可连用两个省略号。	从隔壁房间传来缓缓而抑扬顿挫的吟咏声—— 床前明月光，疑是地上霜。 …………

续表

名称	符号	用法说明	举例
连接号	- — ～	1. 标示下列各种情况，均用短横线： （1）化合物的名称或表格、插图的编号。 （2）连接号码，包括门牌号码、电话号码，以及用阿拉伯数字表示年月日等。 （3）在复合名词中起连接作用。 （4）某些产品的名称和型号。 （5）汉语拼音、外来语内部的分合。	（1）参见下页表2-8、表2-9。 （2）安宁里东路26号院3-2-11室 （3）吐鲁番-哈密盆地 （4）WZ-10直升机具有复杂天气和夜间作战的能力。 （5）盎格鲁-撒克逊人
		2. 标示下列情况，一般用一字线，有时也可用浪纹线： （1）标示相关项目的起止。 （2）标示数值范围的起止。	（1）2011年2月3日—10日 （2）第五～八课
书名号	《 》 〈 〉	1. 标示书名、卷名、篇名、刊物名、报纸名、文件名等。	《红楼梦》（书名）
		2. 标示电影、电视、音乐、诗歌、雕塑等各类用文字、声音、图像等表现的作品的名称。	《光与影》（电视节目名）
		3. 标示全中文或中文在名称中占主导地位的软件名。	科研人员正在研制《电脑卫士》杀毒软件。
		4. 标示作品名的简称。	我读了《念青唐古拉山脉纪行》一文（以下简称《念》），收获很大。
		5. 当书名号中还需要书名号时，里面一层用单书名号，外面一层用双书名号。	《教育部关于提请审议〈高等教育自学考试试行办法〉的报告》

第二讲　文献查找与筛选

学习目标

1. 学习如何检索文献和筛选文献
2. 学习如何确定检索词
3. 学习通过查找文献确定研究主题

查找和筛选文献

任何研究都不是凭空产生的,而是建立在已有研究的基础之上,因此在研究之前就要通过查找已有的相关主题的文献,了解研究现状,看看别人在这个问题上已经做了哪些研究,用了哪些研究方法,得出了什么结论,存在哪些不足,然后确定自己拟进行的研究是否有进行下去的必要。如果检索结果表明自己拟做的研究已经有人做过,那么我们就没有必要做了。或者找到自己的研究在什么地方具有创新之处,或者调整研究思路,改变研究角度、研究重点或者研究方法。

1. 常用的文献来源

目前电子在线数据库的广泛应用为文献检索提供了方便。各大专院校和科研机构的图书馆都购买了较多的中英文数据库,而且数据库的覆盖面越来越广,检索的方便性也有所提升,我们合理应用,就能方便地查到所需的文献。常用的中文文献检索数据库有知网(CNKI)、维普、万方等。见图 2-1。

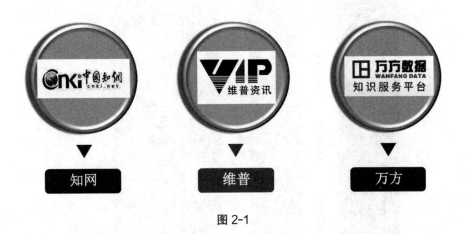

图 2-1

可以从各大学图书馆的网站上,找到我们需要的数据库。图 2-2 是从北京大学图书馆进入数据库的页面,我们可以从页面右下角的"热门数据库"中选择一个数据库。

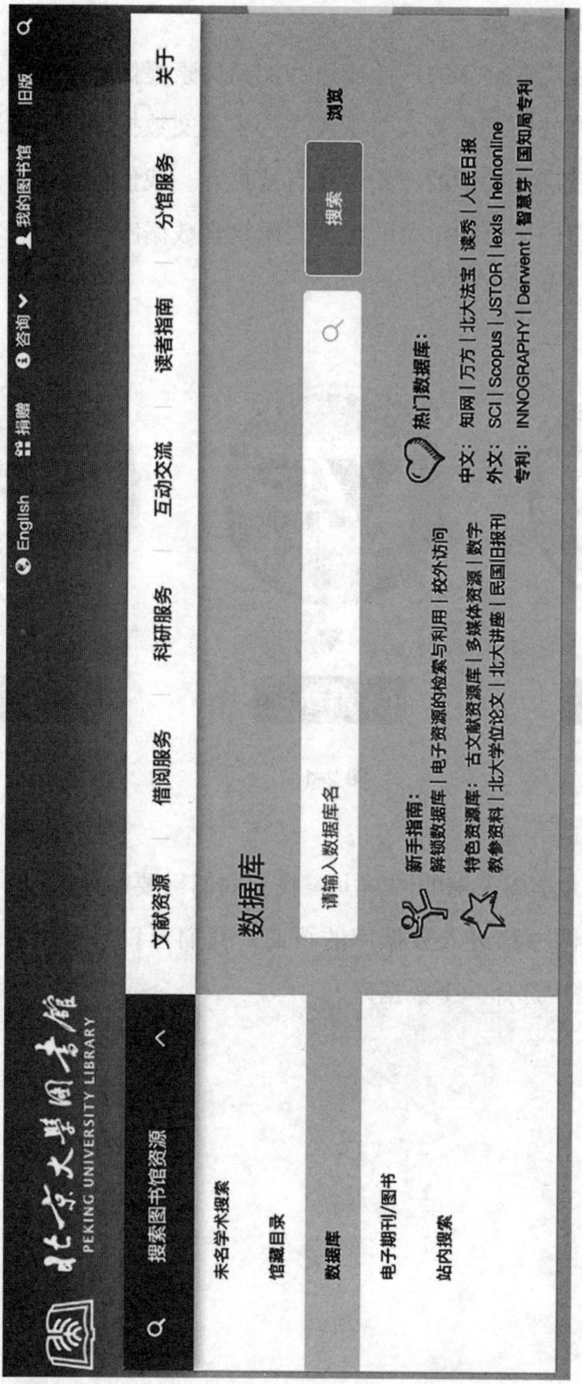
北京大学图书馆
PEKING UNIVERSITY LIBRARY
English
捐赠
咨询
我的图书馆
旧版
搜索图书馆资源
文献资源
借阅服务
科研服务
互动交流
读者指南
分馆服务
关于
未名学术搜索
馆藏目录
数据库
电子期刊/图书
站内搜索
数据库
请输入数据库名
搜索
浏览
新手指南：
解锁数据库 | 电子资源的检索与利用 | 校外访问
特色资源库： 古文献资源库 | 多媒体资源 | 数字教参资料 | 北大学位论文 | 北大讲座 | 民国旧报刊
热门数据库：
中文： 知网 | 万方 | 北大法宝 | 读秀 | 人民日报
外文： SCI | Scopus | JSTOR | lexis | heinonline
专利： INNOGRAPHY | Derwent | 智慧芽 | 国知局专利

图 2-2

2. 如何查找和筛选文献

（1）写论文的第一步是查找文献，常见的方法是直接进入各种数据库。下面以知网为例进行说明。进入知网后，能看到检索页面，如我们在检索栏中选择"主题"，在空格内输入"流行歌曲"，即我们选择研究主题是流行歌曲的全部文献，按 🔍 开始检索，就可以看到一共有 5626 条结果，也就是说有 5626 项文献研究了和流行歌曲相关的内容。见图 2-3。

除了按照主题进行检索以外，还可以按照"篇关摘、关键词、篇名、全文、作者、摘要"等进行检索。见图 2-4。

（2）筛选文献。检索到多篇文献后，可以从以下几个方面进行筛选：

首先把检索的范围定为"学术期刊"论文。之后按照数据库给出的选项对文献进行排序，选项有"相关度、发表时间、被引（数量）、下载（数量）和综合"，文献会按照由高到低排序。见图 2-5。

①依据与检索词的相关程度进行筛选，选取相关程度高的。
②按照引用的次数和下载的次数进行筛选，一般引用次数和下载次数多的论文受认可程度较高。
③按照发表的时间进行筛选，发表时间较新的文献，有些也涵盖了以前的研究。

总库	中文 外文				知网节检索 > 引文检索 >				
5626	社科 科技				高级检索 结果中检索				

| 主题 | 学术期刊 3052 | 学位论文 910 | 会议 55 | 报纸 59 | 年鉴 | 图书 11 | 专利 | 问答 | 成果 1 |

检索范围：总库 主题：流行歌曲 主题定制 检索历史

☐ 全选 已选 0 清除 批量下载 导出与分析▾

排序：相关度 发表时间 被引 下载 综合 共检索到 5,626 条结果 显示 20

	题名	作者	来源	发表时间	数据库	被引	下载	操作
☐1	流行音乐代际叙事：罗大佑、周杰伦、后周杰伦世代研究	钱旭	上海音乐学院	2023-06-10	硕士	2	872	
☐2	三星堆再次出海"妙招"	郑娜	人民日报海外版	2024-01-29	报纸		266	
☐3	民族音乐元素在流行音乐中的传承与融合分析——以流行歌曲《一荤一素》为例	董可昕	山东师范大学	2023-04-01	硕士	1	543	
☐4	重复性因素在音乐语言中的体现及其对感知体验的影响——以声乐作品为例	扬七	上海音乐学院	2023-06-08	硕士		341	
☐5	流行歌曲歌词中的情感认同构建	李艺文	今古文创	2023-09-01	期刊		393	
☐6	古诗词流行歌曲传承研究——以《经典咏流传》为例	舒田帖	戏剧之家	2023-08-10	期刊		447	
☐7	戏曲音乐元素在流行音乐中的融合与应用	炼乐乐	淮海大学学报（图学社会科学版）	2023-08-01	期刊	2	294	
☐8	《孤勇者》：媒体表达与自我确认——网络流行歌曲对青少年教育功能的审思	姚文瑶	青少年学刊	2023-06-15	期刊		281	

主题	次要主题
主要主题	
☐ 流行歌曲 (1541)	
☐ 流行音乐 (750)	
☐ 流行歌曲歌词 (132)	
☐ 当代流行歌曲 (109)	
☐ 音乐课堂 (100)	
☐ 中国流行音乐 (90)	
☐ 古典诗词 (88)	
☐ 音乐教学 (76)	
☐ 流行唱法 (64)	
☐ 中学生 (60)	

学科
☐ 中国政治与国际政治 (26)
☐ 中国语言文字 (279)
☐ 中国文学 (240)
☐ 中国近现代史 (30)

图 2-3

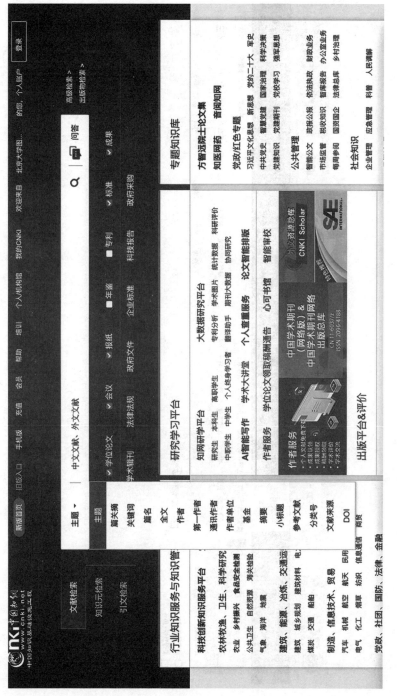

图 2-4

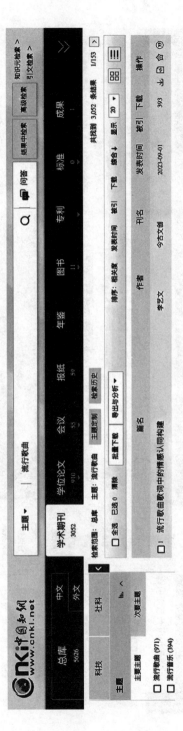

图 2-5

根据研究内容确定检索方式

如果我们知道一篇论文的某些信息，如作者、篇名等，就可以直接在数据库中检索。但很多时候我们只是有一个初步的想法要做某一方面的研究，或者专业课老师指定一个研究主题的范围，要求学生自己选定具体的研究题目，写一篇论文，如：

选择一个民间传说，探讨现实和民间文学的双向互动
运用马克思主义新闻观，写一篇新闻传播理念方面的论文
围绕小提琴教育，写一篇论文
选择一幅佛教壁画，介绍其内容和艺术特征
大学生的消费情况研究

首先可以根据拟研究的内容进行检索。在这种情况下，我们在检索论文时，首先就要确定检索词，然后进行文献检索，通过检索可以了解有没有类似的研究，研究了什么具体内容，用了哪些研究方法等。如何确定检索词呢？如"选择一个民间传说，探讨现实和民间文学的双向互动"研究的主要内容一个是"民间传说"，一个是"民间文学与现实（或称现实因素）"，那么检索词就可以确定为：民间传说（或民间文学、传说）和现实因素（或现实）。在数据库中，"主题"反映的是研究的主要内容，因此就可以使用根据拟进行的研究内容确定的检索词，按照知网网页上的"主题"来检索。

除此之外，也可以使用"篇名"进行检索，因为论文的主要研究内容也会体现在论文的"题名"（篇名）上。如《陪伴、爱情与家庭：青年农民工早婚现象研究》讨论的是青年农民工早婚现象；《医闹：中国式医疗纠纷化解中的互动、博弈和异化》研究的主要内容是中国医

疗纠纷化解问题；《微信平台上的女大学生自我互动与人际交往研究》探讨的是女大学生在微信平台上的自我互动和人际交往行为。所以把研究内容确定为检索词，在数据库中使用"篇名"进行检索，也可以发现这一研究内容是否已经有人研究过，研究现状如何。比如我们以"马克思主义新闻观"为检索词在"篇名"中进行检索，可以检索出题目中包含"马克思主义新闻观"的论文，看看有多少篇，都研究了什么。从图2-6可以看到一共有1354篇。

我们也可以按"主题"检索，见图2-7；还可以在"篇关摘"中进行检索，见图2-8。

使用"篇名""主题""篇关摘"检索出的文献数量可能会不同，一般来说按照"主题"和"篇关摘"检索出的文献数量较多，按照"篇名"检索出的篇数次之。从相关程度上看，一般使用"篇名"检索时，检索出的论文和研究内容关联程度较高。

有些时候论文会包括两个及以上的研究内容，比如"马克思主义新闻观"和"新闻传播理念"，那我们就可以使用高级检索，见图2-9。我们发现这样检索出来的论文数量不多，仅有5篇。我们就要分别用"马克思主义新闻观"和"新闻传播理念"检索文献，然后进行人工筛选。如我们按照"篇关摘"检索"新闻传播理念"，结果显示有2606篇（见图2-10），再结合图2-8中检索到的文献，根据题目逐篇进行人工阅读筛选。这样我们就可以找到更多的可供参考的文献。

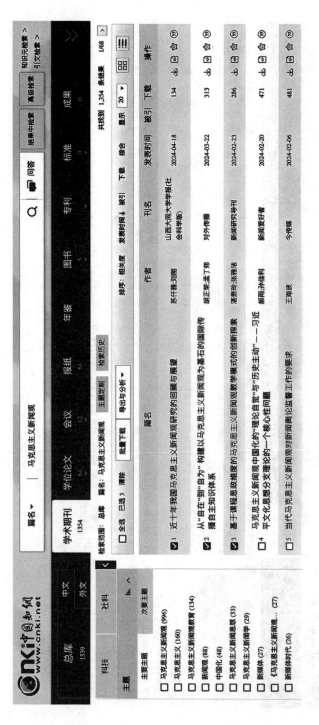

图 2-6

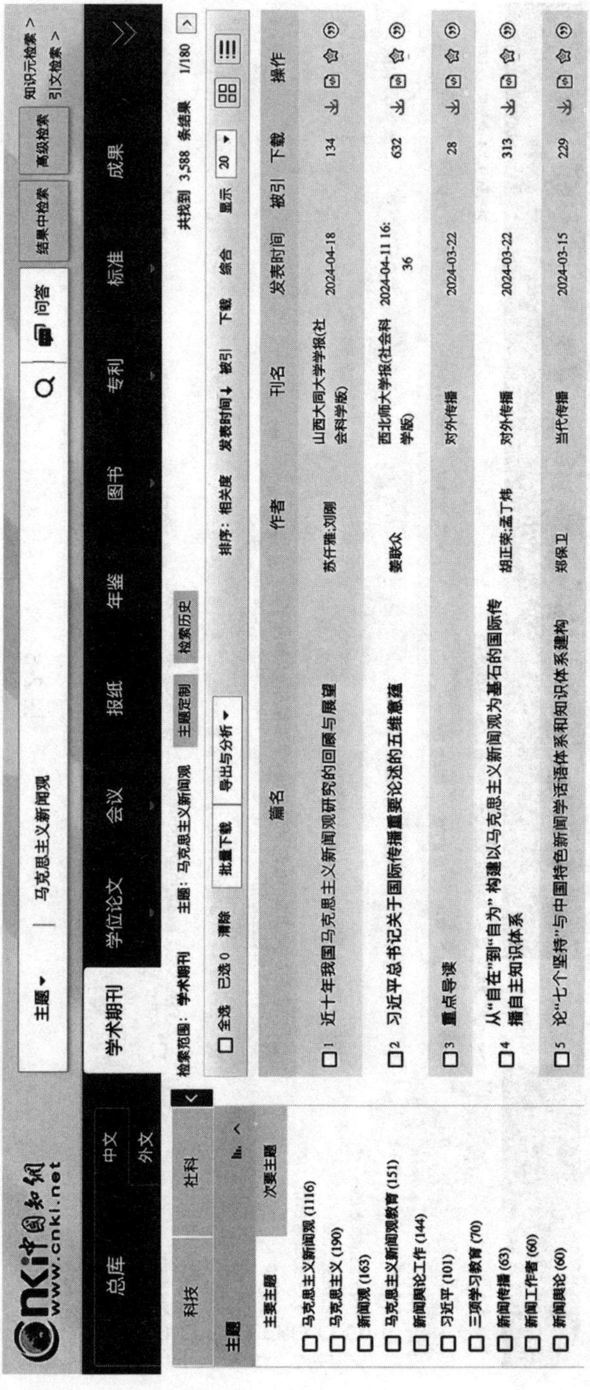
CNKI中国知网 www.cnki.net
主题 ▾ 马克思主义新闻观
问答
结果中检索 高级检索
知识元检索 >
引文检索 >
总库 中文 外文
学术期刊 学位论文 会议 报纸 年鉴 图书 专利 标准 成果
科技 社科
检索范围：学术期刊 主题：马克思主义新闻观 主题定制 检索历史
共找到 3,588 条结果 1/180
全选 已选 0 清除 批量下载 导出与分析 ▾
排序：相关度 发表时间 被引 下载 综合 显示 20
主题
主要主题 次要主题
马克思主义新闻观 (1116)
马克思主义 (190)
新闻观 (163)
马克思主义新闻观教育 (151)
新闻舆论工作 (144)
习近平 (101)
三项学习教育 (70)
新闻传播 (63)
新闻工作者 (60)
新闻舆论 (60)
篇名 作者 刊名 发表时间 被引 下载 操作
1 近十年我国马克思主义新闻观研究的回顾与展望 苏仟雅;刘刚 山西大同大学学报(社会科学版) 2024-04-18 134
2 习近平总书记关于国际传播重要论述的五维意蕴 窦联众 西北师大学报(社会科学版) 2024-04-11 16:36 632
3 重点导读 对外传播 2024-03-22 28
4 从"自在"到"自为"构建以马克思主义新闻观为基石的国际传播自主知识体系 胡正荣;孟丁炜 对外传播 2024-03-22 313
5 论"七个坚持"与中国特色新闻学话语体系和知识体系建构 郑保卫 当代传播 2024-03-15 229

图 2-7

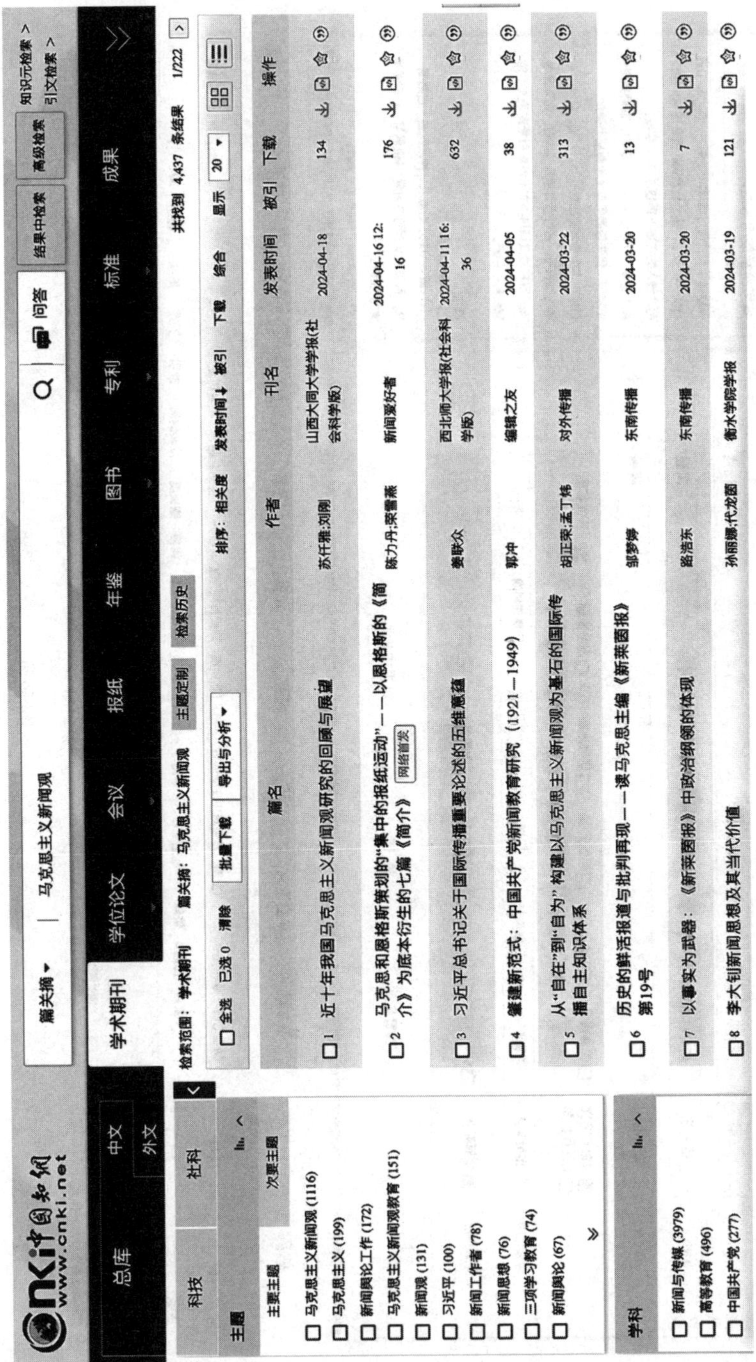
CNKI中国知网 www.cnki.net
篇关摘 马克思主义新闻观
问答
结果中检索
高级检索
知识元检索 >
引文检索 >
总库
中文
外文
学术期刊
学位论文
会议
报纸
年鉴
图书
专利
标准
成果
科技
社科
检索范围：学术期刊 篇关摘：马克思主义新闻观 主题定制 检索历史
共找到 4,437 条结果 1/222
全选 已选 0 清除 批量下载 导出与分析
排序：相关度 发表时间 被引 下载 综合 显示 20
篇名 作者 刊名 发表时间 被引 下载 操作
1 近十年我国马克思主义新闻观研究的回顾与展望 山西大同大学学报(社会科学版) 2024-04-18 134
2 马克思和恩格斯策划的"集中的报纸运动"——以恩格斯的《简介》为底本衍生的七篇《简介》 网络首发 新闻爱好者 2024-04-16 12:16 176
3 习近平总书记关于国际传播重要论述的五维意蕴 西北师大学报(社会科学版) 2024-04-11 16:36 632
4 赓续新范式：中国共产党新闻教育研究（1921—1949） 编辑之友 2024-04-05 38
5 从"自在"到"自为"构建以马克思主义新闻观为基石的国际传播自主知识体系 对外传播 2024-03-22 313
6 历史的鲜活报道与批判再现——读马克思主编《新莱茵报》第19号 东南传播 2024-03-20 13
7 以事实为武器：《新莱茵报》中政治纲领的体现 东南传播 2024-03-20 7
8 李大钊新闻思想及其当代价值 衡水学院学报 2024-03-19 121
主题
主要主题
次要主题
马克思主义新闻观 (1116)
马克思主义 (199)
新闻舆论工作 (172)
马克思主义新闻观教育 (151)
新闻观 (131)
习近平 (100)
新闻工作者 (78)
新闻思想 (76)
三项学习教育 (74)
新闻舆论 (67)
学科
新闻与传媒 (3979)
高等教育 (496)
中国共产党 (277)

图 2-8

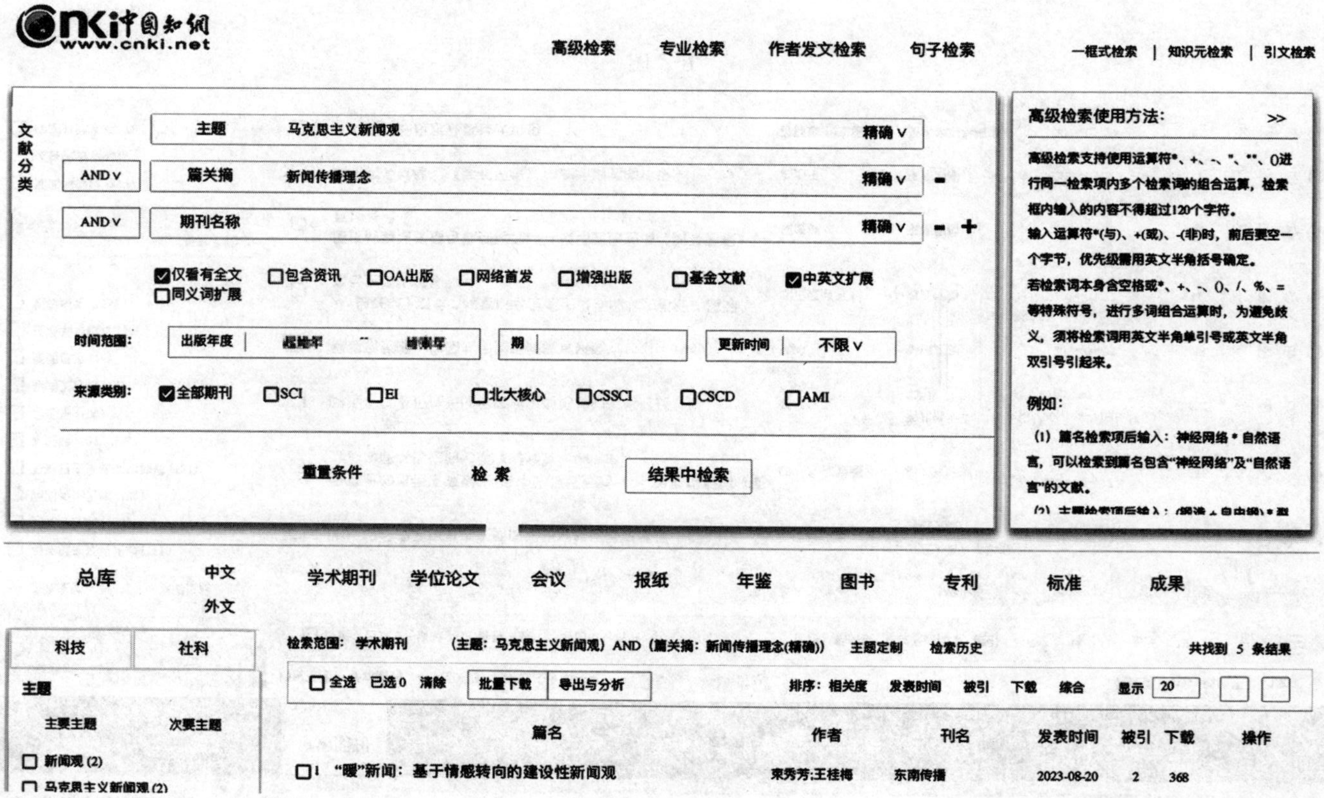
www.cnki.net
高级检索
专业检索
作者发文检索
句子检索
一框式检索 | 知识元检索 | 引文检索
文献分类
主题
马克思主义新闻观
精确 ∨
AND ∨
篇关摘
新闻传播理念
精确 ∨
AND ∨
期刊名称
精确 ∨
仅看有全文
同义词扩展
包含资讯
OA出版
网络首发
增强出版
基金文献
中英文扩展
时间范围:
出版年度
期
更新时间
不限 ∨
来源类别:
全部期刊
SCI
EI
北大核心
CSSCI
CSCD
AMI
重置条件
检 索
结果中检索
高级检索使用方法:
>>
高级检索支持使用运算符*、+、-、''、""、()进行同一检索项内多个检索词的组合运算，检索框内输入的内容不得超过120个字符。
输入运算符*(与)、+(或)、-(非)时，前后要空一个字节，优先级需用英文半角括号确定。
若检索词本身含空格或*、+、-、()、/、%、=等特殊符号，进行多词组合运算时，为避免歧义，须将检索词用英文半角单引号或英文半角双引号引起来。
例如:
(1) 篇名检索项后输入：神经网络 * 自然语言，可以检索到篇名包含"神经网络"及"自然语言"的文献。
总库
中文
外文
学术期刊
学位论文
会议
报纸
年鉴
图书
专利
标准
成果
科技
社科
主题
主要主题
次要主题
新闻观 (2)
检索范围：学术期刊 （主题：马克思主义新闻观）AND（篇关摘：新闻传播理念(精确)） 主题定制 检索历史
共找到 5 条结果
全选 已选0 清除
批量下载
导出与分析
排序：相关度 发表时间 被引 下载 综合
显示 20
篇名
作者
刊名
发表时间
被引
下载
操作
1 "暖"新闻：基于情感转向的建设性新闻观
束秀芳;王桂梅
东南传播
2023-08-20
2
368

图 2-9

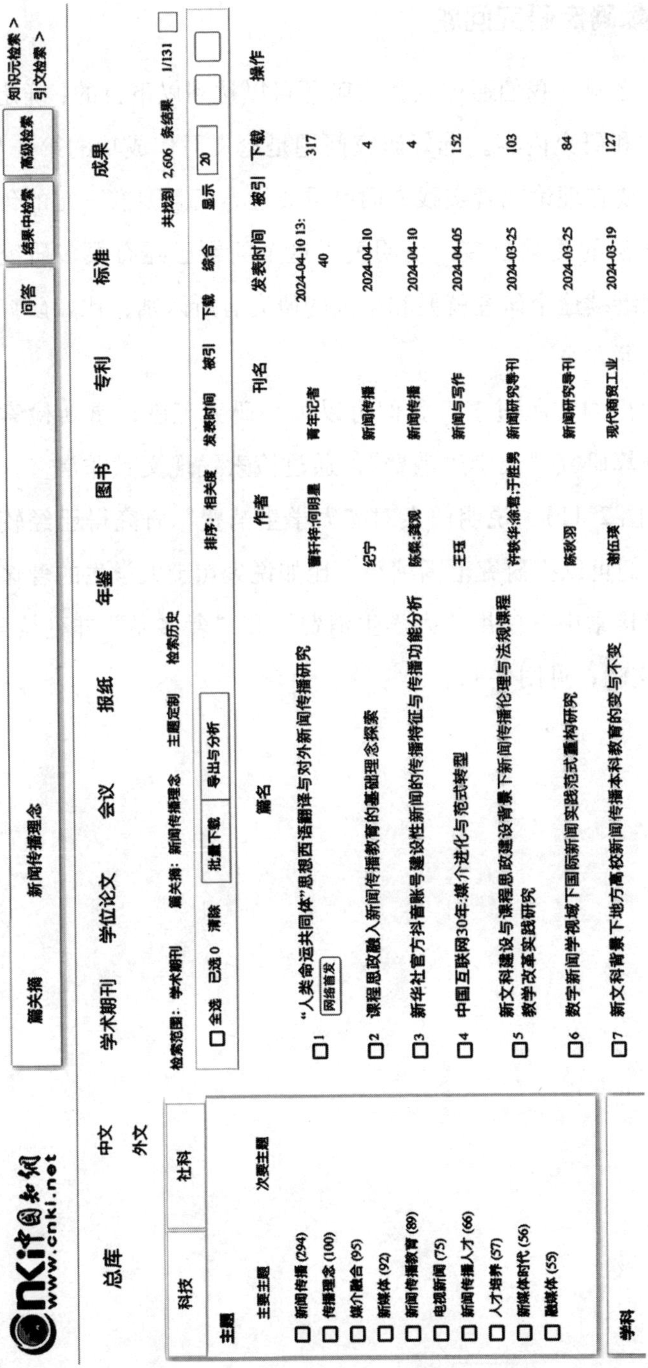

www.cnki.net
篇关摘
新闻传播理念
问答
结果中检索
高级检索
知识元检索 >
引文检索 >
总库
中文
外文
学术期刊
学位论文
会议
报纸
年鉴
图书
专利
标准
成果
科技
社科
检索范围：学术期刊 篇关摘：新闻传播理念 主题定制 检索历史
共找到 2,606 条结果 1/131
主题
主要主题
次要主题
新闻传播 (294)
传播理念 (100)
媒介融合 (95)
新媒体 (92)
新闻传播教育 (89)
电视新闻 (75)
新闻传播人才 (66)
人才培养 (57)
新媒体时代 (56)
融媒体 (55)
学科
全选 已选 0 清除 批量下载 导出与分析
排序：相关度 发表时间 被引 下载 综合
显示 20
篇名
作者
刊名
发表时间
被引
下载
操作
1 "人类命运共同体"思想西语翻译与对外新闻传播研究
网络首发
曹轩梓;何明星
青年记者
2024-04-10 13:40
317
2 课程思政融入新闻传播教育的基础理念探索
纪宁
新闻传播
2024-04-10
4
3 新华社官方抖音账号建设性新闻的传播特征与传播功能分析
陈晨;龚观
新闻传播
2024-04-10
4
4 中国互联网30年：媒介进化与范式转型
王珏
新闻与写作
2024-04-05
152
5 新文科建设与课程思政建设背景下新闻传播伦理与法规课程教学改革实践研究
许秋华;徐鹊;于胜男
新闻研究导刊
2024-03-25
103
6 数字新闻学视域下国际新闻实践范式重构研究
陈秋羽
新闻研究导刊
2024-03-25
84
7 新文科背景下地方高校新闻传播本科教育的变与不变
谢伍瑛
现代商贸工业
2024-03-19
127

图 2-10

通过查找文献确定研究问题

在写论文之前,我们通过查找文献还可以达到以下目的:确定具体的研究范围和研究内容。选好研究问题是论文写作成功的第一步,好的研究问题要在理论或者实践方面有重要性,而且要有一定的创新性。如果检索出的文献很多,说明关于这个问题已经有很多研究成果,那么我们继续这个研究就要和前人的研究有所区别,比如研究方法、研究角度等方面。

如果检索出的文献过多,我们可以缩小研究范围,重新检索文献。如我们打算研究"大学生消费",通过检索发现文献非常多,有12245篇(见图2-11),说明前人对"大学生消费"研究得已经较为全面了。那我们可以把研究范围缩小,比如说聚焦于大学生的奢侈品消费,在高级检索中,使用"大学生消费"和"奢侈品"并列检索,检索到15篇文献,见图2-12。

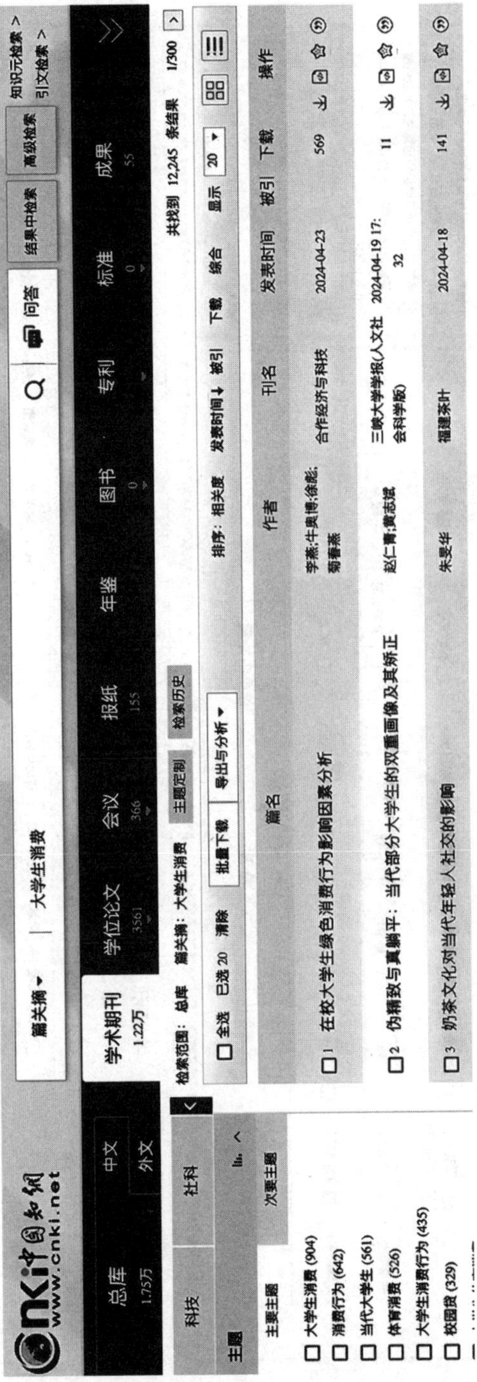

www.cnki.net
篇关摘
大学生消费
问答
结果中检索
高级检索
知识元检索 >
引文检索 >
总库 1.75万
中文
外文
学术期刊 1.22万
学位论文 3561
会议 366
报纸 155
年鉴
图书 0
专利
标准 0
成果 55
科技
社科
主题
主要主题
次要主题
大学生消费 (904)
消费行为 (642)
当代大学生 (561)
体育消费 (526)
大学生消费行为 (435)
校园贷 (329)
检索范围：总库　篇关摘：大学生消费
主题定制
检索历史
共找到 12,245 条结果　1/300
全选　已选 20　清除
批量下载
导出与分析
排序：相关度　发表时间　被引　下载　综合
显示 20
篇名
作者
刊名
发表时间
被引
下载
操作
在校大学生绿色消费行为影响因素分析
李燕;牛贵博;徐彪;菊春燕
合作经济与科技
2024-04-23
569
伪精致与真躺平：当代部分大学生的双重画像及其矫正
赵仁青;黄志斌
三峡大学学报(人文社会科学版)
2024-04-19 17:32
11
奶茶文化对当代年轻人社交的影响
朱昊华
福建茶叶
2024-04-18
141

图 2-11

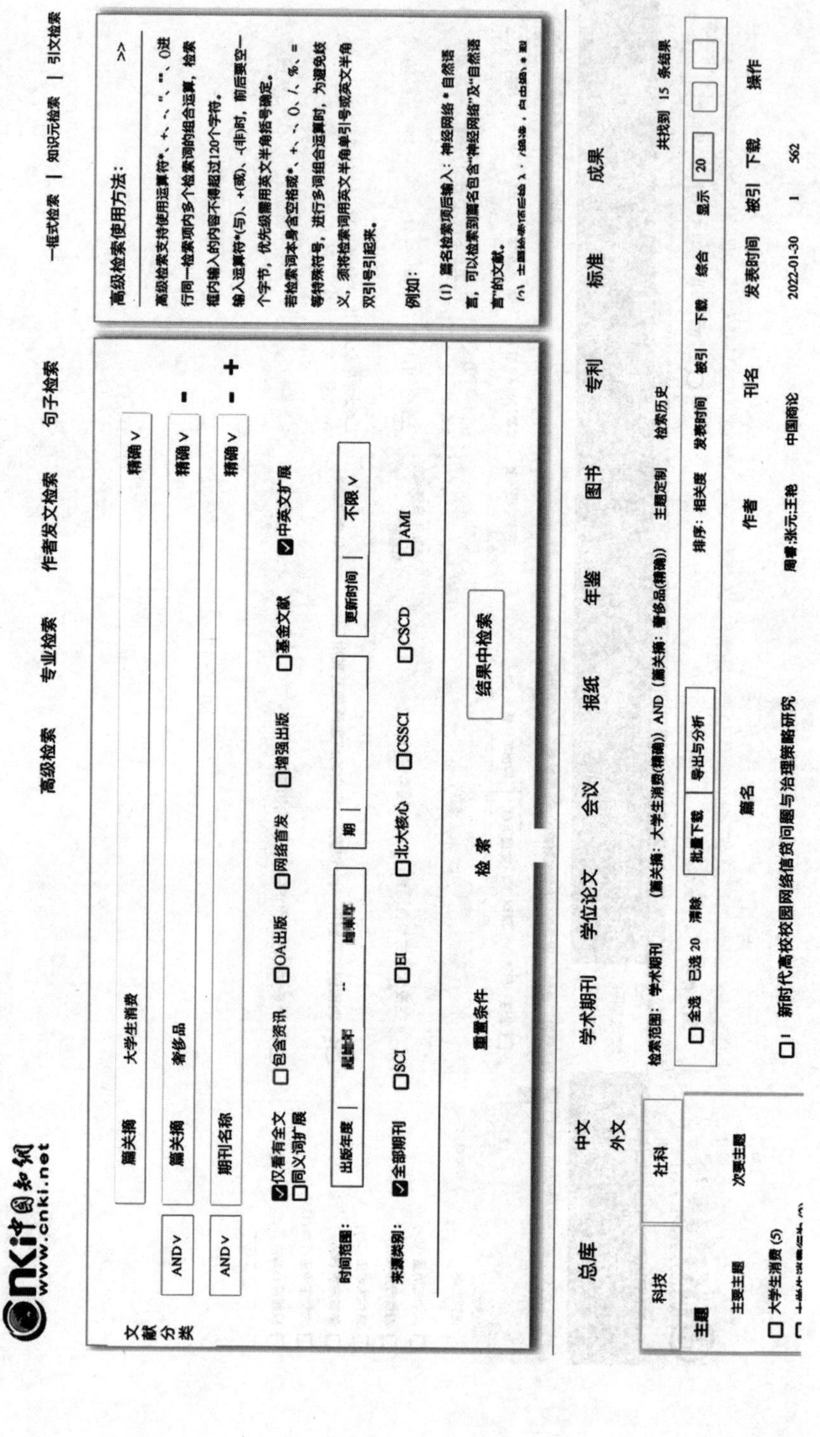
www.cnki.net
高级检索
专业检索
作者发文检索
句子检索
一框式检索
知识元检索
引文检索
文献分类
篇关摘
大学生消费
精确
AND
奢侈品
期刊名称
仅看有全文
同义词扩展
包含资讯
OA出版
网络首发
增强出版
基金文献
中英文扩展
时间范围：
出版年度
更新时间
不限
来源类别：
全部期刊
SCI
EI
北大核心
CSSCI
CSCD
AMI
重置条件
检索
结果中检索
高级检索使用方法：
例如：
总库
中文
外文
学术期刊
学位论文
会议
报纸
年鉴
图书
专利
标准
成果
科技
社科
主题
主要主题
次要主题
大学生消费 (5)
全选
已选 20
清除
批量下载
导出与分析
排序：相关度
发表时间
被引
下载
综合
显示
20
共找到 15 条结果
篇名
作者
刊名
发表时间
被引
下载
操作
新时代高校校园网络信贷问题与治理策略研究
中国商论
2022-01-30
562

图 2-12

	篇名	作者	刊名	发表时间	被引	下载
☐1	新时代高校校园网络信贷问题与治理策略研究	周睿;张元;王艳	中国商论	2022-01-30	1	562
☐2	医药卫生类高职院校大学生各类消费情况调查分析	欧晓燕	科教导刊	2021-04-25		660
☐3	高校大学生服饰品消费行为分析与心理教育探究	孙方姣;杨琴	服饰导刊	2020-12-25	8	1555
☐4	大学生消费现状实证分析—以荆楚理工学院为例	龙时静;赵心悦;贺龙冰;涂迪;何丹	中外企业家	2019-11-05		1451
☐5	在校大学生消费行为及消费观念探讨	李国栋	纳税	2018-08-05	5	2079
☐6	苏州地区大学生理财状况的调查与分析	赵一标;魏子琳	唯实(现代管理)	2018-02-10		619
☐7	网络时尚达人对女大学生消费行为的影响研究—以哈口小辣椒为例	刘晶;王伟	山西大同大学学报(社会科学版)	2015-08-28	13	421
☐8	我国大学生消费与理财现状及建议	滕雨汐;杨亮	对外经贸	2015-03-25	11	961
☐9	电视剧文化与大学生消费价值观	邓敏;陈成文	消费经济	2014-06-01	11	977
☐10	大学生奢侈品消费动机与对策—以唐山大学生为例	段素雅;毕作枝	河北联合大学学报(社会科学版)	2014-05-15	3	992
☐11	基于大学生消费特点的手机市场营销策略研究	巴哈尔古丽·牙合甫	时代金融	2013-06-30	6	2201
☐12	浅析我国城乡大学生消费差异	于佳纶	商	2012-12-08	1	251
☐13	欧美奢侈品牌在90后女大学生中的传播效果	倪琳;沙耘;肖芳	广告大观(理论版)	2012-10-10	1	529
☐14	对浙东奢侈品产业与大学生消费调查研究	吴妍洁;吴雪平	大舞台	2011-02-20	2	304
☐15	21世纪韩国大学生消费生活一瞥	马晓阳	当代韩国	2004-09-20		184

图 2-13

我们可以发现，图2-13中的15篇论文多是基于特定地区或学校的大学生消费情况调查的研究，那么我们也可以对自己的学校或者熟悉的社团进行大学生奢侈品消费现状的调查，基于调查数据，对大学生奢侈品消费进行分析，也可以分析影响大学生消费的因素，比如家庭收入、性别、年级等。

如果关于某一研究内容能检索到的文献数量较少，说明这个题目前人较少研究，从这一点上看，具有研究的价值。但也会存在另外的问题，比如说研究难度较大，材料较难获取，可以参考的研究范式、研究方法较少，这种情况下也可以考虑是否继续这个研究。

比如打算做一个"民间传说与社会现实互动"的研究，在高级检索中选择"主题"，输入"传说"和"现实"，检索到 286 篇文献，研究内容多为一个具体的传说。见图 2-14。

假如打算研究"《花衣魔笛手》与现实社会的互动"，那就要检索文献，看看有哪些关于《花衣魔笛手》的研究。以"花衣魔笛手"为主题在知网上进行检索，找到的文献很少，也就是说在知网上，目前关于《花衣魔笛手》的研究成果还不多见。在缺乏前人研究的情况下，研究起来有一定的难度，需要做的开创性工作较多，如果没有足够的时间和精力，不妨考虑换一个研究内容。

通过检索文献，我们也能初步确定论文的题目。也就是说参考已有论文的题目，根据自己的研究内容，仿照其语言形式，确定一个初步的题目。比如检索到的论文中有"安徽大学生微信平台使用情况研究"，我们可以做一个"北京大学生微信平台使用情况研究"；有"中国现代文学对当代大学生的影响"的论文，我们可以缩小研究范围，写一篇"现代文学对海外华人的影响"；已有论文写了"中国电影在马来西亚的传播"，我们可以写一篇"中国电影在泰国的传播"。

研究的初始阶段离不开文献查找，掌握正确的查找文献的方法，可以全面、准确地找到可以参考借鉴的论文，同时通过查找文献，可以确定具体的研究内容，明确研究范围，所以说文献查找是科学研究、论文写作的基础。

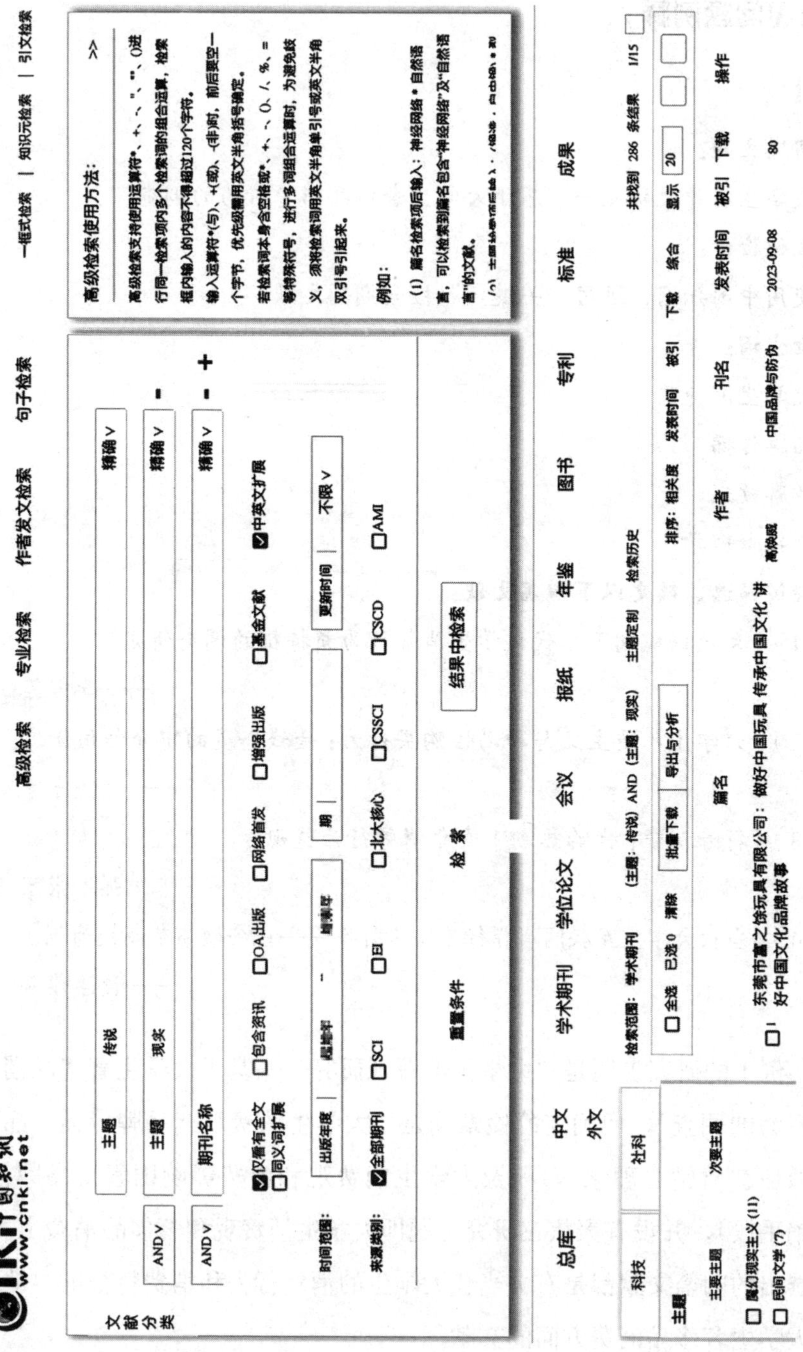
www.cnki.net
高级检索
专业检索
作者发文检索
句子检索
一框式检索 | 知识元检索 | 引文检索
文献分类
主题 传说 精确∨
AND∨ 主题 现实 精确∨
AND∨ 期刊名称 精确∨
仅看有全文
同义词扩展
包含资讯
OA出版
网络首发
增强出版
基金文献
中英文扩展
时间范围：
出版年度
期
更新时间 不限∨
来源类别：
全部期刊
SCI
EI
北大核心
CSSCI
CSCD
AMI
重置条件
检 索
结果中检索
高级检索使用方法：
>>
高级检索支持使用运算符*、+、-、''、""、()进行同一检索项内多个检索词的组合运算，检索框内输入的内容不得超过120个字符。
输入运算符*(与)、+(或)、-(非)时，前后要空一个字节，优先级需用英文半角括号确定。
若检索词本身含空格或*、+、-、()、/、%、=等特殊符号，进行多词组合运算时，为避免歧义，须将检索词用英文半角单引号或英文半角双引号引起来。
例如：
(1) 篇名检索项后输入：神经网络 * 自然语言，可以检索到篇名包含"神经网络"及"自然语言"的文献。
总库
中文
外文
学术期刊
学位论文
会议
报纸
年鉴
图书
专利
标准
成果
科技
社科
主题
主要主题
次要主题
魔幻现实主义(11)
民间文学(7)
检索范围：学术期刊　(主题：传说) AND (主题：现实)　主题定制　检索历史
共找到 286 条结果　1/15
全选　已选0　清除　批量下载　导出与分析
排序：相关度　发表时间　被引　下载　综合　显示 20
篇名　作者　刊名　发表时间　被引　下载　操作
东莞市富之信玩具有限公司：做好中国玩具 传承中国文化 讲好中国文化品牌故事
高焕威
中国品牌与防伪
2023-09-08
80

图 2-14

常见问题例释

例 1

研究主题：
大学生消费观研究——基于大学生奢侈品消费行为的调查

文献检索：
使用中国知网，运用"关键词"检索期刊文献

检索词：
大学生消费观
品牌传播
品牌效应
营销心理学

经过筛选，确定以下四篇文献：

（1）《大数据视阈下当代大学生消费行为新特征的调查研究》
——李静等

（2）《大学生物质主义与冲动性购买行为：金钱态度的中介作用》
——谢晓东等

（3）《符号消费：代购热潮下青年消费行为透视》
——朱强 张寒

（4）《当代大学生互联网消费行为及其引导——以安徽省某高校为例》
——董萍萍等

　　例 1 的研究主题是"大学生消费观研究——基于大学生奢侈品消费行为的调查"，但确定的检索词是"大学生消费观、品牌传播、品牌效应、营销心理学"，涉及大学生消费观和消费影响因素（品牌、营销手段），并没有聚焦在研究主题即大学生消费观和奢侈品消费上。筛选出的四篇文献都是有关当代大学生的消费行为和消费特征的，缺少大学生奢侈品消费方面的文献。

例2

研究主题：

韩国人口数量变化趋势及应对措施

文献检索：

《中国青年报》

使用中国知网，运用"主题"检索期刊文献

使用"中国新闻网"

检索词：

韩国人口

韩国人口减少

经过筛选，确定以下三篇文献：

（1）韩国七十二年来首次出现人口负增长 [N]. 丁凤蕾. 中国青年报，2022-08-11(009)

（2）韩国结婚人数减少 晚婚倾向加剧 [N]. 王忠会. 中国人口报，2010-04-19(004)

（3）韩国人口老龄化趋势、应对措施及启示 [J]. 钟惟东，黄善英.《韩国研究论丛》2020，(02)：215-234

  例2检索词单一，不能全面代表研究主题。研究主题是"韩国人口数量变化趋势及应对措施"，应该把"韩国人口问题"和"人口问题应对措施"作为两个检索词在知网中进行检索。另外以"中国新闻网"为文献来源，对于学术论文来说不太合适，因为中国新闻网中的文章主要是报道某一具体现象、事件，加上一些简单的原因分析，其中的分析部分也往往缺少严谨的论证，而学术论文是采用科学的研究方法，采用客观的材料，经过逻辑论证分析，得出研究结论。二者差异较大。

筛选出的文献（1）是人口出现负增长这一现象的报道，和研究主题相近。文献（2）报道并分析了结婚人数减少、结婚年龄偏大的现象，和韩国人口数量的变化趋势不完全匹配。文献（3）分析了老龄化的趋势，并讨论了老龄化的应对措施。人口问题包括很多方面，如出生人数降低、老龄化等，文献（3）只讨论了老龄化的趋势及应对措施，和研究主题"韩国人口数量变化趋势及应对措施"不一致。

∷ 练习 ∷

一、写论文前为什么要查找文献？

二、检索到多篇文献后，可以从哪几个方面进行筛选？

三、根据以下研究内容确定检索词，分别使用"主题"和"篇名"两种方法在知网上进行检索，按照发表年份由近至远和下载数量由高到低的顺序，分别列出排序前十的文献。

  1. 泰国学生易混淆词

  2. 大学生婚恋观

四、根据下面的研究主题确定检索词，并在知网上进行检索。根据检索到的文献，尝试确定论文的题目。

  1. 流行歌曲

  2. 中国的动画片

  3. 中国饮食文化

五、请写出想要研究的问题或者感兴趣的问题,在知网上检索文献。从检索到的文献中筛选出3~5篇论文作为参考文献,请列出所筛选的论文题目并说明筛选的理由。

六、分析下列文献检索和筛选,说明存在什么问题,并提出修改建议。

研究主题:

新冠疫情期间线上上课对留学生心理的影响

文献检索:

使用中国知网,运用"关键词"检索期刊文献

检索词:

新冠疫情

后疫情

大学生

留学生

心理

适应

经过筛选,确定以下四篇文献:

(1)新冠疫情期间大学生心理健康状况及影响因素研究

(2)高校线上教学调查研究

(3)"停课不停学"时期的在线教学研究——基于全国范围内的33240份网络问卷调研

(4)新冠疫情下大学生情绪状态的呈现与调适——基于自我关怀的视角

问题分析：

修改建议：

七、请修改下列语句在语言表达上的不当之处。

1. 研究发现，对于走向社会的成年人而言，"以财物定义成功"和"以获取财物为中心"并重，这两种价值观取向对其行为的影响相当。而对于大学生而言，以财物定义成功对其冲动性购买行为的影响显著大于以获取财物为中心对其冲动性购买行为的影响。

2. 通过问卷进行研究，深度调查大学生的理性购买行为：通过调查大学生购买品牌的欲望和在没有足够钱的情况下购买品牌的选择，分析网络对购买品牌价值观有影响。

3. 网络在现今的校园不再是新鲜的事情，但是大学生和网络的关系却是不小的话题。

4. 通过一年的学习力求让学生达到能够熟练阅读较高难度的日语文章，还加深当代日本的情况。

第三讲　文献阅读

学习目标

1. 学习如何选择需要阅读的文献
2. 了解论文主要部分包含哪些信息
3. 学习如何阅读一篇论文

通过文献的题目和摘要确定要阅读的文献

1. 导出题目和摘要，整理文献

我们以"流行歌曲歌词"作为主题词，在知网中搜索，共得期刊论文 224 篇，见图 3-1。

下一步"全选"论文，然后选择"导出与分析"，之后选择"导出与分析"中的"查新（引文格式）"（见图 3-2），就可以得到刚才检索到的文献的作者、题目、来源、摘要，如图 3-3 所示。

						问答	知识元检索 ▸ 引文检索 ▸
主题	流行歌曲歌词					结果中检索	
						高级检索	
学术期刊	会议	学位论文	报纸	年鉴	图书	专利	成果

检索范围：学术期刊　主题：流行歌曲歌词　检索历史　　　　　　共找到 224 条结果　1/12

☐ 全选　已选 0　清除　　批量下载　导出与分析　　　　排序：相关度　发表时间　被引　下载　综合　　显示 20

	篇名	作者	刊名	发表时间	被引	下载	操作
☐1	"中国风"流行歌曲的歌词的特征研究	徐良玉	吉林艺术学院学报	2024-02-28		17	
☐2	流行歌曲歌词中的情感认同构建	李艺文	今古文创	2023-09-01		393	
☐3	"现当代流行歌词鉴赏"课程教学实践与策略研究	王佩雯	福建技术师范学院学报	2023-06-20		72	
☐4	情、炼、达、意：新·粤语歌词创作美学的"五字真经"——以《芬梨道上》为例	余蕙;况达	戏剧之家	2023-04-20		171	
☐5	当代流行歌曲歌词文本的褶皱结构	赵岩	音乐创作	2023-04-18		132	
☐6	中国风流行歌曲的"中和之美"——以《天水碧》和《艳》为探究对象	梁梁	黄河之声	2022-12-30	1	127	
☐7	古风流行歌曲歌词的特征与审美内涵	杨永娟	中国民族博览	2022-11-30		376	
☐8	论流行歌曲歌词里的"中国风""文本生产"机制——以周杰伦演唱的歌曲为例	常立琪	美与时代(下)	2022-09-25		1349	
☐9	对于当代流行歌词音乐表达艺术的探析	张罗箫;崔玮	戏剧之家	2022-05-12	1	598	
☐10	21世纪以来中国古典诗词与当代流行歌词期刊文献研究述评	陈春丹	湖北第二师范学院学报	2022-04-20		543	

主题　主要主题　次要主题

主要主题
- ☐ 流行歌曲 (78)
- ☐ 流行歌曲歌词 (71)
- ☐ 流行歌词 (38)
- ☐ 当代流行歌曲 (13)
- ☐ 古典诗词 (13)
- ☐ 歌词创作 (10)
- ☐ 唐宋词 (8)
- ☐ 当代流行歌词 (6)
- ☐ 中国风 (6)
- ☐ 文学性 (5)

学科
- ☐ 音乐舞蹈 (167)
- ☐ 中国文学 (37)
- ☐ 中国语言文字 (25)
- ☐ 外国语言文字 (15)
- ☐ 中等教育 (7)
- ☐ 高等教育 (1)

图 3-1

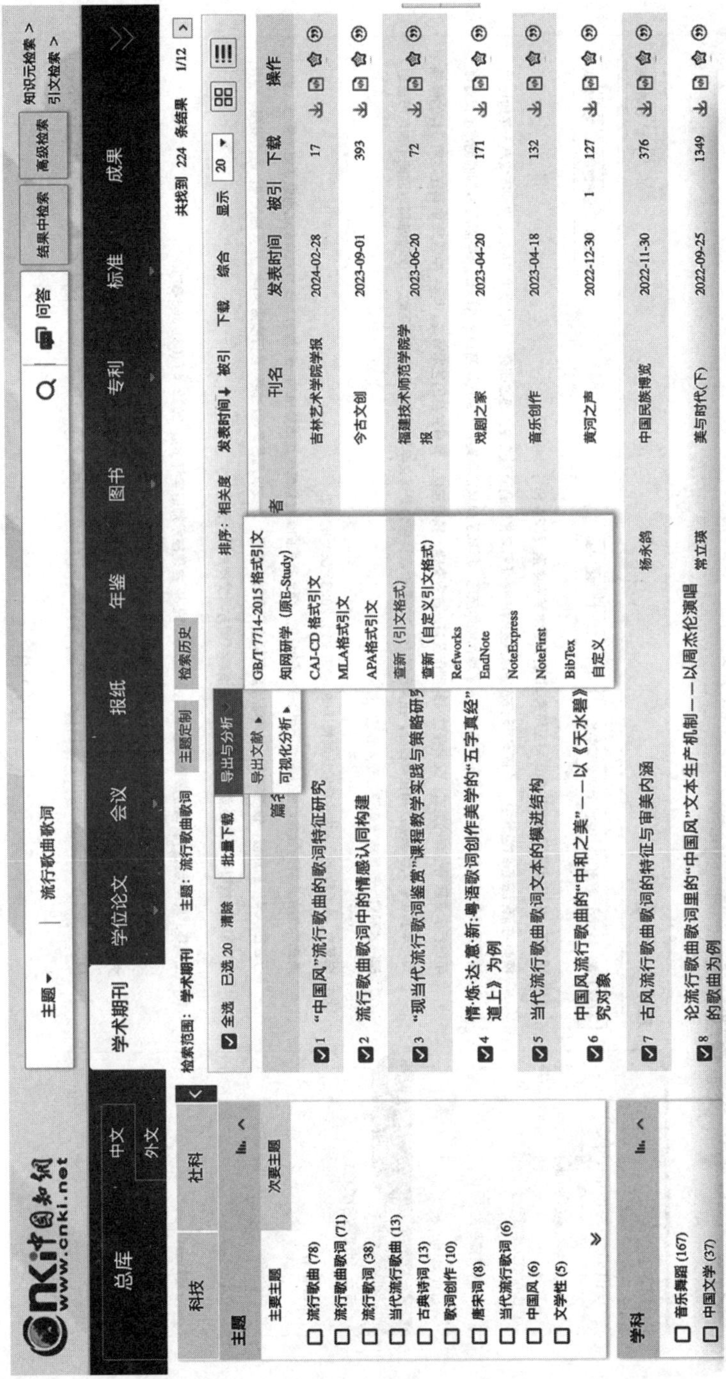
www.cnki.net
总库
中文
外文
主题▾
流行歌曲歌词
问答
结果中检索
高级检索
知识元检索 >
引文检索 >
学术期刊
学位论文
会议
报纸
年鉴
图书
专利
标准
成果
科技
社科
检索范围：学术期刊　主题：流行歌曲歌词
主题定制
检索历史
主题
主要主题
次要主题
流行歌曲 (78)
流行歌曲歌词 (71)
流行歌词 (38)
当代流行歌曲 (13)
古典诗词 (13)
歌词创作 (10)
唐宋词 (8)
当代流行歌词 (6)
中国风 (6)
文学性 (5)
学科
音乐舞蹈 (167)
中国文学 (37)
全选　已选 20　清除
批量下载
导出与分析
导出文献
可视化分析
GB/T 7714-2015 格式引文
知网研学（原E-Study）
CAJ-CD 格式引文
MLA格式引文
APA格式引文
查新（引文格式）
查新（自定义引文格式）
Refworks
EndNote
NoteExpress
NoteFirst
BibTex
自定义
排序：相关度　发表时间　被引　下载　综合
显示 20
共找到 224 条结果　1/12
篇名
作者
刊名
发表时间
被引
下载
操作
1 "中国风"流行歌曲的歌词特征研究　吉林艺术学院学报　2024-02-28　17
2 流行歌曲歌词中的情感认同构建　今古文创　2023-09-01　393
3 "现当代流行歌词鉴赏"课程教学实践与策略研　福建技术师范学院学报　2023-06-20　72
4 情·炼·达·意·新：粤语歌词创作美学的"五字真经"　道上》为例　戏剧之家　2023-04-20　171
5 当代流行歌曲歌词文本的嬗进结构　音乐创作　2023-04-18　132
6 中国风流行歌曲的"中和之美"——以《天水碧》　究对象　黄河之声　2022-12-30　1　127
7 古风流行歌曲歌词的特征与审美内涵　杨永鸽　中国民族博览　2022-11-30　376
8 论流行歌曲歌词里的"中国风"文本生产机制——以周杰伦演唱　的歌曲为例　常立瑛　美与时代(下)　2022-09-25　1349

图 3-2

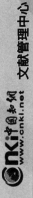

图 3-3

把满足检索条件的论文汇集到一起，再进一步确定哪些文献是我们想要的。首先是从文献的名称上看，比如我们想要研究中国流行歌曲的歌词问题，特别是歌词与古典诗词的关系，那么我们就从题目中筛选出相关度较高的论文。

从图3-4的13篇论文中，可以先确定以下7篇：

[1] 徐良玉.（2024）."中国风"流行歌曲的歌词特征研究.吉林艺术学院学报（01），84–88.

[7] 杨永鸽.（2022）.古风流行歌曲歌词的特征与审美内涵.中国民族博览（22），147–149.

[8] 常立瑛.（2022）.论流行歌曲歌词里的"中国风"文本生产机制——以周杰伦演唱的歌曲为例.美与时代（下）（09），73–76.

[9] 张罗箫 & 崔琦.（2022）.对于当代流行歌曲歌词语言表达艺术的探析.戏剧之家（14），61–63.

[10] 陈君丹.（2022）.21世纪以来中国古典诗词与当代流行歌词期刊文献研究述评.湖北第二师范学院学报（04），18–24.

[11] 郑铭.（2021）.近十年来中国现代歌词国内研究综述.职大学报（06），63–67+47.

[12] 陈君丹.（2021）.21世纪以来中国古典诗词与当代流行歌词研究专题述评.湖北第二师范学院学报（11），19–23.

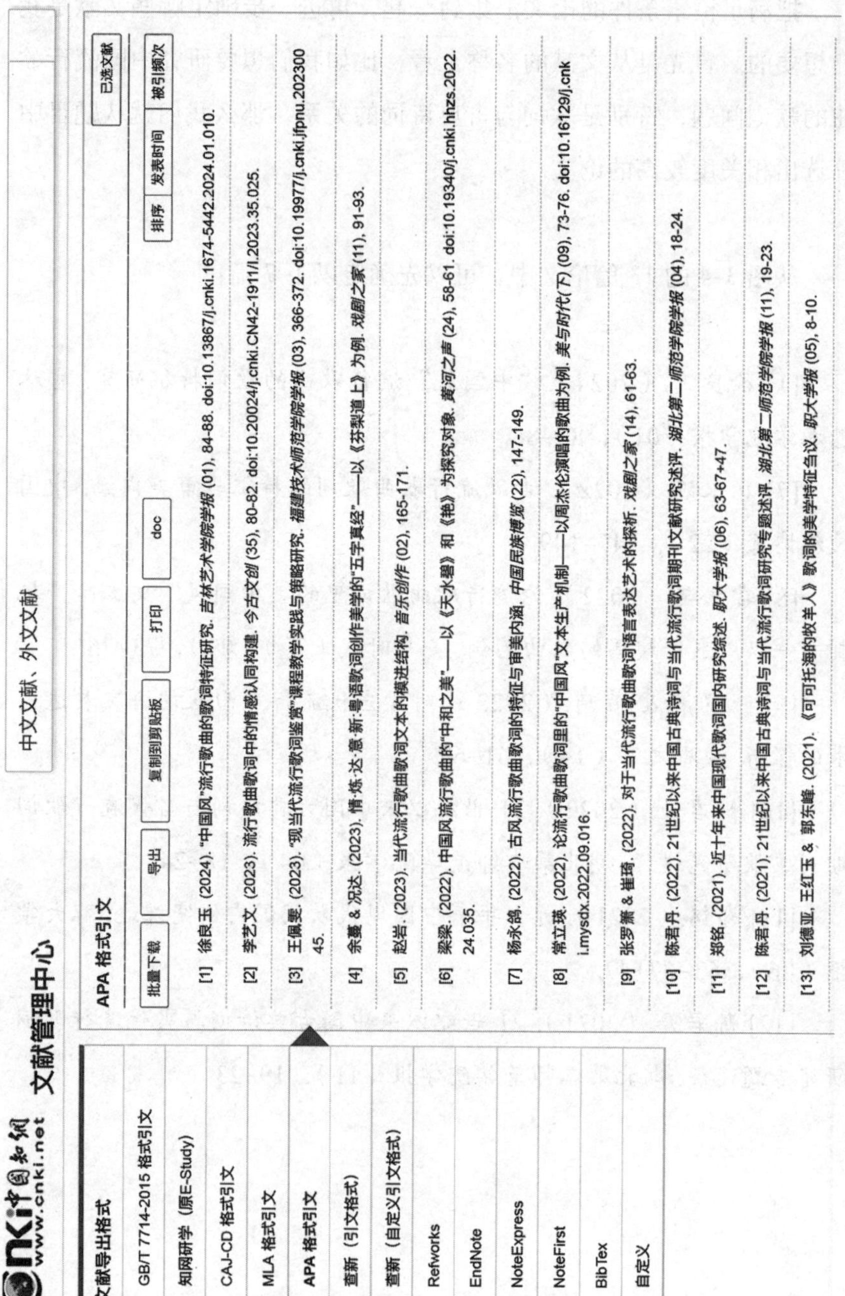
www.cnki.net
文献管理中心
中文文献、外文文献
文献导出格式
GB/T 7714-2015 格式引文
知网研学（原E-Study）
CAJ-CD 格式引文
MLA 格式引文
APA 格式引文
查新（引文格式）
查新（自定义引文格式）
Refworks
EndNote
NoteExpress
NoteFirst
BibTex
自定义
APA 格式引文
批量下载
导出
复制到剪贴板
打印
doc
排序
发表时间
被引频次
已选文献
[1] 徐良玉. (2024). "中国风"流行歌曲的歌词特征研究. 吉林艺术学院学报 (01), 84-88. doi:10.13867/j.cnki.1674-5442.2024.01.010.
[2] 李艺文. (2023). 流行歌曲歌词中的情感认同构建. 今古文创 (35), 80-82. doi:10.20024/j.cnki.CN42-1911/I.2023.35.025.
[3] 王佩雯. (2023). "现当代流行歌词鉴赏"课程教学实践与策略研究. 福建技术师范学院学报 (03), 366-372. doi:10.19977/j.cnki.jfpnu.20230045.
[4] 余蔓 & 况达. (2023). 情·炼·达·意·新：粤语歌词创作美学的"五字真经"——以《苏梨道上》为例. 戏剧之家 (11), 91-93.
[5] 赵岩. (2023). 当代流行歌曲歌词文本的模述结构. 音乐创作 (02), 165-171.
[6] 梁梁. (2022). 中国风流行歌曲的"中和之美"——以《天水碧》和《艳》为探究对象. 黄河之声 (24), 58-61. doi:10.19340/j.cnki.hhzs.2022.24.035.
[7] 杨永昶. (2022). 古风流行歌曲歌词的特征与审美内涵. 中国民族博览 (22), 147-149.
[8] 常立瑛. (2022). 论流行歌曲歌词里的"中国风"文本生产机制——以周杰伦演唱的歌曲为例. 美与时代(下) (09), 73-76. doi:10.16129/j.cnki.mysdx.2022.09.016.
[9] 张罗薪 & 崔琦. (2022). 对于当代流行歌曲歌词语言表达艺术的探析. 戏剧之家 (14), 61-63.
[10] 陈君丹. (2022). 21世纪以来中国古典诗词与当代流行歌词期刊文献研究述评. 湖北第二师范学院学报 (04), 18-24.
[11] 郑铭. (2021). 近十年来中国现代歌词国内研究综述. 职大学报 (06), 63-67+47.
[12] 陈君丹. (2021). 21世纪以来中国古典诗词与当代流行歌词研究专题述评. 湖北第二师范学院学报 (11), 19-23.
[13] 刘德亚, 王红玉 & 郭东峰. (2021). 《可可托海的牧羊人》歌词的美学特征刍议. 职大学报 (05), 8-10.

图 3-4

然后我们再阅读上述7篇论文的摘要，从摘要中进一步选取要仔细阅读的文献。

以下面2篇文献为例，从题目上看都是研究歌曲歌词的文学性的：

[1] 徐良玉. "中国风"流行歌曲的歌词特征研究

【摘要】在流行音乐的世界中，"中国风"流行歌曲以其独有的特征和文化内涵受到关注。通过研究，可以窥见"中国风"歌词不仅展示了对传统诗词元素的吸纳与转化，而且在形式上融入了现代创作技巧，形成了兼具古典美感与当代风格的艺术形态。"中国风"歌词的创作不仅遵循了流行歌曲歌词创作的范式，又具备独特的创作逻辑，古今交错，跌宕起伏，具有独特的艺术审美。同时"中国风"歌词还运用多样的修辞技巧丰富了歌词情感层次和视觉画面。在音乐性上，"中国风"歌词极为强调文字与音符之间密切的互动，巧妙而细腻地匹配了音乐节奏和旋律的需求，使得旋律和语言动人心弦。

[7] 杨永鸽. 古风流行歌曲歌词的特征与审美内涵

【摘要】古风流行歌曲凭借唯美的曲调和古典的意境受到人们的喜爱，其歌词时常引用典故或以诗词作点缀，蕴含着传统文化的基因和元素。古风流行歌曲的创作可以说是基于传统文化的一种形式，具有一定的审美内涵，对于传承与发展中国传统文化有很大的益处。它的流行得益于广大听众的喜爱，歌词中的文化底蕴更能为听众所接纳。歌词可以作为传承优秀传统文化的载体，而歌词本身也有值得关注的文化内容。本文将通过对歌词主题及内容的梳理，探究古风流行歌曲的歌词的特征和审美内涵，阐释古风流行歌曲歌词的审美价值和文化意义。

经过对比我们发现,从摘要上看,两篇论文的研究内容不同。第一篇《"中国风"流行歌曲的歌词特征研究》研究的内容包括"中国风"流行歌曲歌词的特点,包含了对传统诗词的吸收,也含有现代创作技巧;运用了多样的修辞手段;同时在音乐性上注重歌词与音乐的匹配等。从不同角度较为全面地探讨了中国风流行歌曲的歌词。而论文《古风流行歌曲歌词的特征与审美内涵》分析古风流行歌曲歌词的特征、审美价值等。从研究范围上看,第一篇论文的研究问题更多。从摘要内容上看,《古风流行歌曲歌词的特征与审美内涵》和研究主题"歌词中的古典诗词"更为接近。

2. 阅读文献的摘要

摘要阅读是论文阅读的第一步。围绕一个研究主题,我们往往会检索到很多篇论文,从中选择出我们要阅读的论文,第一步是阅读摘要。

摘要是论文写完以后对论文简要介绍的部分。一般来说,摘要中包括研究背景、研究内容、研究问题和研究结论这四个部分,也有的摘要只有研究背景、研究问题和研究意义,没有具体的研究结论。

我们看下面的论文摘要:

例1

留学生本科毕业论文写作课教学模式探讨

毕业论文写作对于汉语言专业的留学生来说是一项十分复杂且难度较高的高级写作类型,因此面向该专业本科生开设毕业论文写作课程不仅是十分必要的,也是颇具探索性、创新性和挑战性的,因而探讨该课程的教学模式无疑具有一定的应用价值。为此，本文在任务型教学理论和研究性教学理论的指导下，结合教学实践，将该课程的教学分为两个阶段，第一阶段为基于任务型教学的知识学习与能力锻炼阶段，第二阶段为基于研究性教学的实践写作阶段。本文对每个阶段的操作程序进行了相对具体的探讨，提出了相应的建议，希望能对该课程的建设和汉语言专业本科留学生的毕业论文写作提供参考。

（郭涵宁，《国际汉语教学研究》2016 年第 4 期）

这篇论文题目中的重点词语是"本科留学生、毕业论文写作课教学"。

这篇摘要中包含以下主要内容：

研究问题：留学生本科毕业论文写作课程应该采用哪种教学模式。

研究意义：对本科留学生来说，毕业论文很难写，毕业论文的教学具有挑战性。

研究结论：留学生毕业论文写作课程要分阶段进行，具体来说要分为两个阶段：(1) 知识学习和能力训练阶段；(2) 写作实践阶段。论文还探讨了上课的具体操作程序。

研究目的：对论文写作课程的建设和汉语言专业的论文写作提供建议。

阅读摘要之后，我们就对这篇论文的基本内容有了大致的了解。这篇论文主要研究了给本科留学生开设的写作课应该如何设计、应该包括哪些内容。我们可以看看这些内容和自己拟进行的研究是否有关联，如果有关联的话，就可以把这篇论文作为自己论文的参考文献。

例 2

大学生婚恋观现状调查分析

对 5187 名大学生的婚恋观进行了问卷调查,调查结果显示:多数大学生能认真对待爱情,极少数持有游戏态度;绝大多数大学生认为爱情是婚姻的基础,同时存在着放大婚姻工具性价值的倾向;择偶标准多重视个体素质,轻视物质和家庭条件;多数大学生对婚前性行为态度宽容,甚至部分大学生把爱情和婚姻分离。调查还发现:不同性别、年级、生源地、家庭经济状况的大学生,其婚恋观存在显著的差异。

(魏晓娟,《青少年学刊》2020 年第 2 期)

题目中的重点词语是"大学生婚恋观"。
摘要中包含的主要信息为:
研究问题:大学生婚恋观。
研究方法:问卷调查,调查了 5187 名大学生。
研究结论:大学生普遍认为爱情是婚姻的基础,放大了婚姻的工具性价值;择偶标准重视个体素质;对婚前性行为宽容;性别、年级、生源地、经济条件不同,婚恋观也不同。

例 1 和例 2 的摘要中包含的内容不完全一致,都包括的内容是研究问题、研究结论。一般来说,我们可以从摘要中发现以下信息:研究问题、研究意义、研究结论,可以说这三者是摘要里必备的要素。因此我们在阅读摘要时,首先要查找摘要中的这些必备要素,这样就能比较快速地理解论文，从而了解论文的研究内容以及研究结论。根据这些信息，对文献进行进一步筛选，找出需要细读全文的文献。

需要细读的文献是与拟进行的研究相关度比较高的论文，或者是论文的研究方法值得借鉴，或者是论文的结论与拟进行的研究相近或者相反等。

文献全文的阅读

进行文献全文阅读之前，通过阅读摘要，我们已经对一篇论文有了一个大致的了解。开始阅读全文，也不要从头逐字读下去，首先要了解论文作者的思路，弄清作者是从哪几个方面去研究这个问题的，这样我们就要了解论文的结构，了解每个结构的功能。接下来根据需要重点阅读论文的相关章节，这样不仅能加快阅读速度，提高阅读效率，还能更清晰地理解论文的逻辑、论证过程、所得出的结论。

阅读全文的步骤，首先要了解论文的结构，了解论文各部分结构的功能。其次要阅读理解论文各章节的题目，在掌握论文总体结构的基础上，理解作者的逻辑思路。最后按照研究目的，选择需要细读的章节，进行文本细读。

1. 了解论文的结构

期刊学术论文的一般结构包括以下几部分：

（1）题目、摘要、关键词。

（2）引言，也称绪论或导论，主要目的是交代写作缘起以及研究内容。

（3）主体部分，从几个方面对研究问题进行研究，体现作者的论证逻辑。

(4) 结论或结语,简洁地归纳研究发现,或提出对解决某问题的合理建议、还存在哪些不足,指出未来还可深入研究的方向等。

除了摘要以外,论文的引言、主体研究部分都有特定的功能,在论文中发挥着不同的作用。

阅读论文的引言部分,看看引言中包括哪些主要内容。引言和摘要不同,摘要是对整篇论文的概括性介绍,引言主要是在论文的开头部分介绍研究背景、研究问题和研究意义,主要的区别是引言中有研究问题而没有研究结果,更多的是研究背景介绍,包括概念的界定说明等。

看下面论文的引言包括哪些主要内容:

例3

大学生婚恋观现状调查分析

婚恋观是个体对于恋爱、婚姻相关问题的根本看法和基本态度,是人生观、价值观在婚恋问题上的具体体现,属于道德意识的范畴,对个体、他人和社会都会带来深刻的影响。从个体发展层面上来说,婚恋观直接决定了个体的恋爱择偶行为和婚姻生活质量。大学生的婚恋观是否正确,不仅关乎其现在的生活和情感情绪状态,还决定了未来的婚姻家庭生活是否幸福,对个体的影响会伴随一生。从社会层面来说,大学生肩负国家建设和民族复兴的重任,这一庞大的人群如何择偶、如何恋爱、怎样看待婚姻等问题,从某种程度上影响着社会的稳定和长远发展。然而,长期以来,在大学生思想政治教育研究与工作实践中,婚恋教育并未受到足够重视,有关大学生婚恋观的研究也很不充分。因此，研究当前大学生的婚恋观，探讨其特征和存在的问题，无论对于丰富相关研究，还是对于社会发展，或对大学生思想教育和大学生个体的健康成长，都具有重要的现实意义。

（魏晓娟，《青少年学刊》2020 年第 2 期）

从例 3 这个引言部分，我们可以了解到这篇论文以下方面的内容：

（1）研究的内容是大学生的婚恋观问题。

（2）为什么做这个研究，也就是研究的意义和价值：首先婚恋观对个人、他人和社会都会产生影响，大学生的婚恋观影响着社会的稳定和长远发展；其次婚恋观教育没有得到足够的重视，研究也比较少，因此研究大学生婚恋观有重要的意义。

因此在阅读论文时，从引言部分我们可以了解到研究的背景及研究的问题是什么。

2. 理解论文的逻辑

读完引言了解了研究的具体内容、研究背景和研究意义之后，我们要思考这个内容可以从哪些方面去研究，那我们就要关心论文的逻辑思路问题，即论文包括哪些章节，每一章节的题目是什么，把这些章节题目放在一起阅读，我们就能了解作者的思路，理解这篇论文的逻辑。因此阅读论文主体研究部分要按照以下步骤进行：（1）要把论文各章节的标题列在一起，从中找出反映在其中的作者的逻辑思路；（2）找出提到的理论或者专业概念的含义；（3）找出论文的研究方法；（4）找到研究结论，找出新的发现。

下面是两篇论文主体部分的章节题目，通过阅读理解各章节之间的关系，我们可以发现论文的逻辑结构。

例 4

大学生恋爱冲突的影响因素及其教育对策

一、大学生恋爱冲突的本质

二、大学生恋爱冲突的影响因素

  （一）恋爱动机不纯，择偶标准偏狭

  （二）性别观念固化，性爱观念偏颇

  （三）家长避而不谈，学校教育不力

  （四）不良信息诱导，网络监管不力

三、大学生恋爱冲突的解决策略

  （一）加强自我教育，促进健全人格的形成

  （二）父母做好表率，创设和谐的家庭环境

  （三）开设相关课程，创新学校的教育形式

  （四）优化网络环境，创造良好的社会氛围

（王继新、王菲，《山西高等学校社会科学学报》2022 年第 8 期）

  从论文的章节标题我们可以看出，论文的研究内容是探讨影响大学生恋爱冲突的因素。论文首先分析了大学生恋爱冲突的本质，说明恋爱冲突从本质上看是什么问题。在这个基础上提出了大学生恋爱冲突的四个主要原因，之后提出减少恋爱冲突的解决办法即四个建议。首先说明恋爱冲突的本质，继而说明为什么会有冲突，最后提出如何解决，这就是论文的逻辑思路。我们理解了论文的逻辑思路以后，就可以理解论文的主要内容，并找到需要仔细阅读的部分，比如想要了解什么是大学生恋爱冲突，就可以看第一部分，从中发现作者对大学生恋爱冲突的界定。如果要了解是哪些因素导致了恋爱冲突的发生,就细读论文的第二部分。

例 5

英语写作教学现状调查与分析

1. 研究背景与目的
2. 研究的理论基础
3. 研究设计
   3.1 工具
   3.2 参与者
   3.3 数据、素材的分析方法
4. 调查结果与分析
   4.1 学生对英语写作课的总体感觉
   4.2 学生在英语写作中的主要困难
   4.3 学生在大学里学习过的语篇体裁情况
   4.4 教师的写作教学状况
   4.5 学生对英语写作的要求
5. 结语

(蔡慧萍、方琰,《外语与外语教学》2006 年第 9 期)

例 5 是一篇实证研究论文,研究方法是问卷调查法,通过对调查结果的描述和分析,归纳出调查结论。前三章 1、2、3 都属于论文的引言部分,主体章节为 4、5 两章。调查问卷是收集数据的方法,数据收集上来以后,对数据进行归类、分析,然后得出结论。论文的研究内容是写作教学的现状,包括学生的学习难点、教师的认识等。论文设计了调查问卷进行调查,之后展示了调查结果,并从五个方面对调查结果进行了分析,在分析的基础上得出研究的结论。

  论文的逻辑思路很清楚,各个章节之间的逻辑关系为:首先说明研究背景以及理论基础,然后说明使用问卷调查的方法对学生进行调查,之后介绍调查结果,并对调查结果进行分析,在此基础上得出结论。在了解了论文的逻辑关系之后,就可以按照需要选择重点章节进行阅读。如需要了解这篇论文使用的调查问卷的设计内容,我们可以选择细读论文的1、2、3部分;如果想了解调查的结果或者作者如何归纳调查数据,可以重点看第4部分。

  从上面两篇论文的结构可以看出,论文都有比较清晰的内在逻辑,了解论文的逻辑结构和作者的思路有助于理解论文的内容。

::练习::

一、从论文的摘要中可以获得哪些信息?

二、从论文的引言部分可以获得什么信息?

三、阅读论文全文的步骤包含哪些？

四、以"大学生专业选择"为主题词，在知网中进行文献检索，并从中确定需要阅读的文献。请列出文献的名称并说明选择这些文献的原因。

五、请阅读下面的摘要，从中找出论文的研究结论。

2005—2020 年日语专业论文写作教材分析与探索

为了解和掌握国内日语专业论文写作教材状况，对国内出版的13部日语专业论文写作教材内容进行剖析，指出教材编写中存在适用对象不明、分方向指导的侧重点不同、论文写作流程缺乏完整性、配套练习主观题居多等问题，提出日语专业论文写作教材编写应重视操作性强的多元立体化教材建设的意见，从而达到分层次兼顾学生水平，实现语种和适用对象间自由切换、分专业方向指导的细化、论文操作流程完整性呈现及配套练习的优化配置等目的，同时指出教材编写应融入课程思政元素。（黄宝珍，《开封文化艺术职业学院学报》2022 年第 12 期）

研究结论：

六、阅读下面的引言部分，写出这篇论文的研究背景、研究内容和研究目的。

读者接受理论视角下的店铺名称翻译

随着全球化的不断发展，旅游业快速发展，各国游客来往密切，店家为了在众多店铺中崭露头角，吸引更多消费者，在自己的店铺译名上颇费心思。店铺名称一定程度上承载了传播文化、交流沟通的重任，店铺名称翻译研究愈加重要。基于这点，许多学者开始对世界各地店铺名称翻译现象进行研究。截至目前，共有 51 篇文献对店铺名称的翻译做出了研究，其中部分为店铺名称语内翻译研究，主要研究店铺名称在普通话和少数民族方言之间的转换现象。关于店铺名称语际翻译研究，多数为调查总结，学者汇总店名翻译后提出自己的见解，其中个别文章结合翻译理论，主要是功能对等理论和目的论，功能对等理论忠实于原文，忽视消费者感受，目的论强调满足消费者心理，舍弃店铺特征（李靖、王可心、高英祺，2021：127–128）。笔者发现在翻译店铺名称过程中，有一些译名没有运用普遍的翻译方法，这些前人还没有专门研究。本文在读者接受理论视角下，分析店名翻译具体案例，考虑消费者的民族心理，帮助店铺更好地翻译店名，提高店铺商业价值。（孙聪莹，《海外英语》2023年第9期）

研究背景：

研究内容：

研究目的：

七、阅读下面论文的章节题目，说明主体部分四个章节之间的逻辑关系。

大学生婚恋观现状调查分析

引言
一、调查情况描述
二、大学生婚恋观的总体状况
三、大学生婚恋观的群体性差异分析
四、调查结论与启示

（魏晓娟，《青少年学刊》2020 年第 2 期）

八、请修改下列语句在语言表达上的不当之处。

1. 教学的基本目的是使学生掌握分析与解决经济地理问题的思维与分析方法。

2. 三个调查都证明大学生网络生活已成为大学生生活的重要组成部分。现在大学生离不开网络。网络提供的服务变多样化——看电视剧，查资料，与朋友聊天等等，都可以通过上网做。

3. 进入信息时代以来，计算机普遍普及，网络曾经成为大学生活当中扮演着不可或缺的角色。

4. 近年来，对于大学生网络生活状况的研究与分析，国内学者在大学生网络使用目的、上网时间等方面做了一些有益的工作。

5. 以上3篇论文对大学生网络生活现状进行了有意义的调查分析，得出了不少的结论，进一步为了提升大学生网络生活品质而提出了有价值的对策与建议。

第四讲 文献概括与文献综述

学习目标

1. 了解文献综述在论文中的作用
2. 学习文献概括的方法

文献综述（literature review）是在对一系列相关文献进行阅读、分析、比较的基础上，用自己的语言对某一问题的研究状况进行综合叙述。综述的目的是总结这个方向前人已经做的工作，了解当前的研究状况，分析存在的问题，指出研究的不足和发展方向等。文献综述可以写成一篇独立的文章，也可以是一篇论文中的一部分。

综述性论文的写法

人脸检测研究综述

人脸检测问题最初作为自动人脸识别系统的定位环节被提出,近年来由于其在安全访问控制,视觉监测,基于内容的检索和新一代人机界面等领域的应用价值,开始作为一个独...

梁路宏， 艾海舟， 徐光档， ...- 《计算机学报》 - 被引量: 3355 - 2002年

来源: 百度文库 / 万方

♡ 收藏　　<> 引用　　▣ 批量引用　　　　　　　　　人 文献获取

留守儿童研究综述

为了进一步加深对留守儿童问题的认识,对2006年以前国内关于留守儿童的文献进行了全面深入的研究。研究发现,尽管对留守儿童问题的多学科研究目前已经取得了一定的成...

周福林, 段成荣 - 《人口学刊》 - 被引量: 1408 - 2006年

来源: 百度文库 / 万方 / 知网 / 维普网 / 掌桥科研

♡ 收藏　　<> 引用　　⊞ 批量引用　　　　　　　　　　文献获取

智能视频监控技术综述

随着摄像头安装数量的日益增多,以及智慧城市和公共安全需求的日益增长,采用人工的视频监控方式已经远远不能满足需要,因此智能视频监控技术应运而生并迅速成为一个...

黄凯奇, 陈晓棠, 康运锋, ... - 《计算机学报》 - 被引量: 649 - 2015年

来源: 百度文库 / 国家科技图书文献中心 / 维普网 / 万方 / 知网

♡ 收藏　　<> 引用　　⊞ 批量引用　　　　　　　　　　文献获取

上面这几篇论文都是综述性论文。

综述性论文题目中多包括"综述""述评""研究现状与发展趋势"等词语,应该较为全面地概括、评析已有的研究成果。例1围绕"对外汉语写作教学研究"这个主题,归纳并分析对外汉语写作教学研究的总体情况。综述性文章一般会交代检索文献的范围,比如所使用的文献发表的时间、文献的来源等,例1中综述的文章是20世纪80年代以来关于对外汉语写作教学研究的论文。

例 1

对外汉语写作教学研究述评*

罗青松

提要 本文对20世纪80年代以来的对外汉语写作教学研究进行了初步的回顾与总结，从目标定位、教学理念与方法、课堂教学、语篇指导等方面，对相关研究及主要观点进行了介绍评价，并针对写作教学研究的主要问题和今后研究的方向进行了讨论。

关键词 对外汉语教学；汉语写作；教学法

对外汉语写作教学较之其他技能的教学，研究基础薄弱，成熟教材与相关研究数量较少。随着对外汉语教学学科的发展，这一领域逐渐受到关注，教学研究也取得了一定进展。本文拟对20世纪80年代以来的对外汉语写作教学研究成果①进行梳理，从目标定位、理念方法、课堂教学、语篇指导等方面，分别进行介绍与评价②。在此基础上，针对写作教学研究领域的主要问题及研究方向进行探讨，以期为对外汉语写作教学研究的进一步发展提供一些参考。

一 对外汉语写作教学的目标定位研究

1.1 写作教学的目标任务

对外汉语写作教学的目标任务与课程定位是初期研究的焦点问题。写作教学起步较晚，受母语教学的影响较大。到20世纪80年代初，写作课在教什么、如何教等问题上，还处于摸索阶段。杨建昌(1982)《浅谈外国留学生汉语专业的写作课教学》和祝秉耀(1984)的《浅谈写作课教学》是较早讨论写作教学的文章；前者作为草创阶段的探索，虽开始关注教学对象的特点，但尚未脱离母语写作教学的影响，较侧重修辞手段、写作技巧的指导；后者则比较明确地从第二语言教学的角度立论，强调应针对教学对象的特点，注重词汇、语法、句子与段落衔接等语言运用方面的指导。李清华(1986)的研究延续了根据教学对象的特点，注重语言表达训练的思路。李文针对语段写作指导进行了讨论，提出了有控制地写作与自由写作两大训练方式。80年代对外汉语写作教学的研究寥寥可数，但这些初期研究从基本问题入手，涉及教学目标、内容、方法等关键问题，拉开了对外汉语写作教学研究的序幕。此后较长时期，这一领域仍未脱离沉寂局面，直到90年代，这种沉寂才逐渐被打破。南勇(1994)的研究强调写作教学对提高学习者整体汉语水平的作用，也指出对外汉语写作教学不能照搬母语写作教学的思路。南文在讨论教学内容、方法的基础上，还将关注点延伸到了写作教材的编写，提出了写作教材应突出组句训练、关注汉语语篇形式特点等问题。

二 写作教学理念方法探讨

对外汉语写作教学研究，有来自课堂教学实践的启发，也伴随着英语第二语言教学理论方法的借鉴吸收。罗青松(2002)在其专著中专章介绍并评价了控制法、自由写作法、语段形式法、过程法、任务法等第二语言写作教学的主要理念方法，讨论了各种教学理念对汉语写作教学的借鉴意义。新世纪以来，控制法、控制自由法、过程法、交际法及任务法等，都被融入汉语写作教学的理论思考与教学实践中，其中过程法与任务型写作教学更成为研讨的焦点。

（《语言教学与研究》2011年第3期）

综述性论文一般会把已有的相关研究按照研究内容或者研究方法进行分类概括和评述。如例1中包括五章：

一、对外汉语写作教学的目标定位研究
二、写作教学理念方法探讨
三、写作课堂教学研究
四、基于写作教学的语篇训练研究
五、对外汉语写作教学研究的问题与思考

前四章是对已有研究的分类概述。从研究内容上看，20世纪80年代以来发表的对外汉语写作教学研究的论文主要包括四个方面，即对外汉语写作教学的目标定位研究、写作教学理念方法探讨、写作课堂教学研究及基于写作教学的语篇训练研究。第五章是对已有的关于对外汉语写作教学研究的评析，对研究状况进行评价，根据已有的研究成果，指出研究已经取得的成绩、存在的不足，并说明后续研究的方向。

综述性文章应该包括两个方面的内容：1. 概括已有研究，从研究内容、研究方法、研究结论等方面进行概括；2. 对已有研究成果进行评价，发现成绩和研究不足，指出未来的研究方向。

综述的核心是对文献的内容进行概括。对多篇文献进行概括，可以从论文研究的内容、研究方法、作者的观点或者研究结论等方面分别概括，进行比较分析，综合描写。

对多篇论文综合介绍，可以采用以下两种方法：

1. 分别概括不同的论文，然后比较说明这些论文的异同，分析A篇的理论/观点，再分析B篇的理论/观点，然后比较A与B的理论/观点、找出A与B的共性、找出A与B的差异性。如例2。

例 2

　　这三篇论文都采用问卷调查的方法，了解大学生使用网络的状况，并对现状进行了分析，最后提出了相关解决对策。张三（2019）认为目前大学生存在一定的网络成瘾问题，认为网络成瘾的原因为以下三点：……李四（2020）和王五（2018）通过对问卷的数据进行分析，认为目前大学生使用网络的情况基本处于正常范围，网络成瘾的学生较少，可以认为不存在严重依赖网络的学生。

　　2. 以不同的研究问题或者观点为纲，综合概括多篇论文。如例3对三篇文献都包括的"调查问题"进行比较，分析这个问题在三篇文献中的异同。

例 3

　　张三（2019）、李四（2020）、王五（2018）三篇论文主要采用问卷调查的方法，了解大学生使用网络的状况，并对现状进行了分析，最后提出了相关解决对策。但是上述三篇论文在调查问题上各有侧重，对调查结果的分析及提出的对策措施上，主要方面基本相同，但也不完全一致。

　　一、大学生网络使用状况及其分析

　　在调查问卷的设计上，张文主要调查了四个方面的问题，主要目的是了解学生……而李四（2020）和王五（2018）的调查问卷，主要调查了两个方面的问题。但是三篇论文所得出的调查结论基本相同：学生具有轻微的网络成瘾倾向（张三，2019），虽然存在网络成瘾问题，但人数较少（李四，2020；王五，2018）。……

　　二、解决对策

　　……

例 4 这篇综述性论文，作者阅读了已有的相关文献，对文献的研究内容进行了梳理、归纳，认为已有的对来华留学生中国古代文学课程的研究从内容上可以分为三类："课程独特性与课程定位""教学方法与教学模式"及"教学问题及教学对策"。

例 4

来华留学生中国古代文学课程研究综述

三、研究内容

目前，学者对来华留学生中国古代文学课程的研究主要可分为"课程独特性与课程定位""教学方法与教学模式"及"教学问题及教学对策"三大方面。

（一）课程独特性与课程定位

对外汉语教学界的教学目标以语言技能训练为中心。受课程定位不清晰等因素的影响，面向来华留学生的中国古代文学教学在很长时间内被认为是语言技能训练课的附庸，被视为国内中国古代文学课程的简单复制。因此，早期学者对于来华留学生中国古代文学课程的研究侧重于对其"特殊性"的研究，将其与面向中国学生的中国古代文学课程，以及对外汉语教学中的来华留学生文化课、语言课中的中国古代文学教学等区分开来，实质上是对来华留学生中国古代文学课程的定位问题进行初步探究。高慧敏（2002）认为，古代诗词教学是古代汉语教学中的一部分，兼具古代汉语教学和文学欣赏两重作用。因此，在教学中除了要解决古汉语词汇和语法问题外，也要使学生理解古代诗词的意境和含义。涂文晖（2002）则从生源的特殊性入手，通过留学生与国内大学生的比较，他认为二者在语言的理解与表达、语言与文化的融合，以及文化习惯等诸多方面存在不同，从而指出对外汉语高级阶段中国古代文学教学也应当具有特殊性。

（二）教学方法与教学模式

来华留学生中国古代文学课程教学方法的研究可以分为四个层面。第一个层面是普适性教学方法，如因材施教、利用多媒体辅助教学等。第二个层面是对外汉语教学中的普适性教学方法，如注重翻译、注意汉外对比等。第三个层面是对外汉语文学课程教学方法方面的尝试。第四个层面则是来华留学生中国古代文学课程教学方法方面的尝试。

（三）教学问题及教学对策

1. 课程设置问题

课程设置的最大问题在于中国古代文学体量大但课时量却较少，许多教学内容无法涉及。2002年，国家对外汉语教学领导小组办公室在《高等学校外国留学生汉语言专业教学大纲》《高等学校外国留学生汉语教学大纲（长期进修）》中对中国古代文学课程进行了明确的要求，并对具体的课时进行了规定。大纲将文学课程确定为外国留学生汉语言专业的必修课和进修生的选修课。中国古代文学课程在第四学年进行授课，每周两节，合两学期。但吴蔚（2016）通过调查发现，由于师资力量不足、教学安排等原因，部分学校甚至未达到大纲所建议的课时量，大体量的教学内容与缺乏的课时量之间矛盾依旧突出。

（姬笑笑，《汉字文化》2023年第16期）

论文中的文献综述

除了综述性文章以外,文献综述还常作为论文的一部分出现在论文中,作用是为了说明某一个问题的研究状况,简单分析说明目前研究中已经解决的问题和尚存的问题,分析研究的不足以及今后研究的方向,简要说明自己对该课题研究的评价等。目的是说明拟进行的研究是建立在这些研究的基础之上的,新的研究会对以往的研究有哪些补充、哪些创新等,在已有研究和拟进行的研究之间建立连接。如:

例 5

汉语言本科专业留学生论文写作指导课课程设置浅议

陈淑梅

(中山大学国际汉语学院,中国 广州 510275)

摘 要:本文论述了汉语言本科专业留学生论文写作指导课的必要性,并针对留学生毕业论文写作中出现的问题,从文章整体结构的辨析与归纳、衔接与连贯、开头结尾及摘要等方面提出了具体的训练方法,这些训练有助于强化学生的逻辑思维能力、分析概括的能力和表达能力,从而为毕业论文的写作打好基础。

关键词:留学生论文写作;结构;语言形式

中图分类号:H193.6　**文献标志码**:A　**文章编号**:2221-9056(2012)01-0024-10

随着攻读学位的留学生数量的稳步增长,留学生毕业论文写作已成为一个不容忽视的问题。目前,在中高级阶段的对外汉语教学中,写作课已成为常规课程,这方面的教材以及研究论文都已经不少。但关于汉语言本科专业留学生的毕业论文写作课程,相关的研究却非常有限。除了对毕业论文选题的统计分析外,亓华(2006)指出了写作中存在的论文规范、整体结构、语言表达等方面的问题,提出开设毕业论文写作必修课等措施,仇鑫奕(2009)提出为四年级学生开设专门的论文写作课,认为该课内容应该包括:范文导读,论文写作步骤分解,结合学生实际选题进行的单项步骤的操作实验,阶段性成果展示,讲评等五部分。不过他们都未进一步说明该课程应该包括哪些具体内容。罗青松提出围绕论文写作安排任务项目,并介绍了论点摘录、作读书笔记、写小评论等训练项目,但却并未提及如何在课堂上就毕业论文的各个部分进行指导和训练。

(《海外华文教育》2012 年第 1 期)

例 6

中国网民网络暴力的动机与影响因素分析

一、网络暴力的概念与国内外研究

……随着互联网的普及,虚拟世界的暴力层出不穷,引起了学者们的关注。与传统暴力相比,网络暴力是现实暴力在虚拟网络世界的体现,网络暴力的表现形式更加多样化,不仅有身体上的,而且有社交上的、关系上的或者心理上的(Dan 2013)。……

……

三、网络暴力的影响因素

当个体感知到自我与群体的行为与态度不相符的时候,来自社会的压力或者是个体自身的压力都会促使个人趋向于与群体或社会相一致的行为与态度。Ciucci、Baroncelli 和 Nowicki(2014)发现,大概有 38% 的人只是跟随其他人的观点。更多时候,个人宁愿改变自己原有的意见,从而与所处群体或社会保持一致。

(侯玉波、李昕琳,《北京大学学报(哲学社会科学版)》2017 年第 1 期)

在以上两篇例文中,都有介绍已有文献的部分,概括了已有文献的发现或者文献中提出的观点,这一部分都与正在写的这篇论文是有关联的。这部分我们称为引用部分。

引用其他文献的内容的前边往往存在一个引介部分,起引出引用部分的作用。如例 5 中"但关于汉语言本科专业留学生的毕业论文写作课程,相关的研究却非常有限"就是引介部分,用来引出下边对亓华(2006)和仇鑫奕(2009)的概括。在引文之后,也会有评价的内容,如例 5 在引用他人文献之后,指出"不过他们都未进一步说明该课程应该包括哪些具体内容""但却并未提及如何在课堂上就毕业论文的各个部分进行指导和训练"。这是对已有研究的评价,指出了研究的不足。一般来说,指出的已有文献的不足要和论文拟进行的研究相联系,表明拟做的研究是建立在前人研究基础之上的,从而在已有研究和拟进行的研究之间建立起联系。

在例6中,"随着互联网的普及,虚拟世界的暴力层出不穷,引起了学者们的关注"也起到了引介作用,引出下边的引用:"与传统暴力相比,网络暴力是现实暴力在虚拟网络世界的体现,网络暴力的表现形式更加多样化,不仅有身体上的,而且有社交上的、关系上的或者心理上的(Dan 2013)"。

一般来说,在论文中引入他人文献,在行文上不是只有概括或者直接引用前人文献内容,也包括引用之前的引介部分和之后的评价部分,因此可以说宽泛的引文部分包括以下内容:1. 引介部分;2. 概括别人的文献;3. 评价部分。作为论文一部分的研究综述要和论文其他部分紧密地结合在一起,除了"引介+综述"这一模块,常用的还有"提出观点+佐证"这一形式,如例6中的"当个体感知到自我与群体的行为与态度不相符的时候,来自社会的压力或者是个体自身的压力都会促使个人趋向于与群体或社会相一致的行为与态度"是作者的观点,后面综述了其他研究者的观点:"Ciucci、Baroncelli和Nowicki(2014)发现,大概有38%的人只是跟随其他人的观点。更多时候,个人宁愿改变自己原有的意见,从而与所处群体或社会保持一致",用来佐证自己的观点,对已有文献的概括和论文有条理地联系了起来。

文献综述常用的语言形式

用于概括的常用表达:

指出、提出、发现、说明

归纳、讨论、分析

对……规律的研究前景进行了展望

运用……得出了……

过去研究主要集中在……

用于评价的常用表达:

但综合起来看 / 纵观已有研究,尚 / 还存在问题 / 不足

研究还不够全面

在……问题上还 / 尚缺乏共识

之前的研究多着眼于 / 集中在……

相关研究非常有限 / 稍显不足

文献概括的写法

文献概括是文献综述写作和读书报告写作的基本功。文献概括的三个步骤是对文献信息的识别、选择和再编码。识别和选择主要是通过阅读,找到原文表达的主要意思,去掉修饰性内容和细节性内容。然后对选定信息进行再编码。再编码的语言手段包括根据原文的信息新造句子、对原句子进行改写、词语层面进行词语替换、句式变换等。

概括首先是要读懂原文，找出原文的核心意思，然后在保留原文的核心意义不变的前提下，简化语言，去掉细节性、重复性、修饰性的内容，提高语义密度。

例 7

浅谈台湾奶茶文化的三十年变迁

奶茶文化是指以奶茶这种饮料为基础形成的一种文化习俗和生活方式。在中国奶茶主要有两种：一是北方游牧民族制作的草原奶茶，是以砖茶、羊奶或马奶，和以酥油煮成，加盐调理，味道偏咸；另一种是南方奶茶，主要是指台湾的珍珠奶茶和香港的港式奶茶，珍珠奶茶将粉圆加入奶茶，味道偏甜带有嚼劲，港式奶茶以红糖混合浓鲜奶加糖制成，味道偏甜。

如今火遍大江南北的奶茶的前身便是起源于台湾的珍珠奶茶。随处可见街边奶茶店门口长长的队伍，大街上的年轻男女几乎人手一杯，办公桌上奶茶逐渐替代了咖啡成为白领的最爱；与奶茶有关的话题频上微博热搜；新的奶茶品牌如雨后春笋；奶茶安全卫生问题层出不穷……年轻人却普遍认为"奶茶这么美好怎么可能有错"，他们甚至被称为"被奶茶毁掉的一代"。大陆为何能接受异文化体系传播的奶茶产品及其附带的文化元素？我们是如何用自己的意识对进来的这种异质文化进行筛选、接受和本土化改造的？这需要我们追根溯源，从珍珠奶茶的起源及发展的 30 年文化变迁中寻找答案。

美国学者克莱德·伍兹（Clyde M. Woods）在其专著《文化变迁》的导论中援引露易丝·史宾得勒（Louise Spindler）和乔治·史宾得勒（George Spindler）的观点，将文化变迁定义为"……不论是一个民族内部发展的结果，还是两个具有不同生活方式的民族之间接触所引起的，在一个民族生活方式上发生的任何改变"。这一简明的定义既揭示了文化变迁所指涉的内容，生活方式上的改变；又指出了引起文化变迁的原因，民族内部的发展或民族之间的接触。伍兹进一步指出，文化的变迁主要依靠"创新"来实现。源于台湾的珍珠奶茶传播到大陆，经过本土化创新，赋予了奶茶全新的意义，它不再只追求口感，更是年轻人生活方式的一个符号，体现了年轻人消费习惯的变迁，更是对一种身份认同的追求。

（李欣童，《传播力研究》2020年第14期）

这部分论文包括5个主要内容：

1.奶茶文化是指以奶茶这种饮料为基础形成的一种文化习俗和生活方式。在中国奶茶主要有两种：一是北方游牧民族制作的草原奶茶，是以砖茶、羊奶或马奶，和以酥油煮成，加盐调理，味道偏咸；另一种是南方奶茶，主要是指台湾的珍珠奶茶和香港的港式奶茶，珍珠奶茶将粉圆加入奶茶，味道偏甜带有嚼劲，港式奶茶以红糖混合浓鲜奶加糖制成，味道偏甜。

2.如今火遍大江南北的奶茶的前身便是起源于台湾的珍珠奶茶。随处可见街边奶茶店门口长长的队伍，大街上的年轻男女几乎人手一杯，办公桌上奶茶逐渐替代了咖啡成为白领的最爱；与奶茶有关的话题频上微博热搜；新的奶茶品牌如雨后春笋；奶茶安全卫生问题层出不穷……年轻人却普遍认为"奶茶这么美好怎么可能有错"，他们甚至被称为"被奶茶毁掉的一代"。

3.大陆为何能接受异文化体系传播的奶茶产品及其附带的文化元素？我们是如何用自己的意识对进来的这种异质文化进行筛选、接受和本土化改造的？这需要我们追根溯源，从珍珠奶茶的起源及发展的

30年文化变迁中寻找答案。

4. 美国学者克莱德·伍兹（Clyde M. Woods）在其专著《文化变迁》的导论中援引露易丝·史宾得勒（Louise Spindler）和乔治·史宾得勒（George Spindler）的观点，将文化变迁定义为"……不论是一个民族内部发展的结果，还是两个具有不同生活方式的民族之间接触所引起的，在一个民族生活方式上发生的任何改变"。这一简明的定义既揭示了文化变迁所指涉的内容，生活方式上的改变；又指出了引起文化变迁的原因，民族内部的发展或民族之间的接触。伍兹进一步指出，文化的变迁主要依靠"创新"来实现。

5. 源于台湾的珍珠奶茶传播到大陆，经过本土化创新，赋予了奶茶全新的意义，它不再只追求口感，更是年轻人生活方式的一个符号，体现了年轻人消费习惯的变迁，更是对一种身份认同的追求。

可以把上边5个部分分别概括如下：

1. 奶茶文化是指以奶茶为基础形成的一种文化习俗和生活方式，目前中国的奶茶主要有来自草原的北方奶茶和来源于台湾、香港地区的南方奶茶。

概括说明：保留原文第一句，把"这种饮料"去掉，去掉举例、描写性部分。

2. 目前源于台湾的奶茶在大陆特别流行。

概括说明：去掉修饰语，如"火遍大江南北"，去掉意思相近的排列性的句式，理解这段话主要描写的是奶茶流行的场面，重新组织语言说明这段话的意思。

3. 为什么人们能够接受这种奶茶及其附带的文化呢？又进行了哪些改造？

概括说明：在"筛选""接受""改造"三个词中，保留了"改造"

一词,"筛选""接受"这两个词没有保留,因为从前文提到的奶茶非常流行这个情况看,大陆已经筛选和接受了奶茶,所以原文的重点或者说新信息是"如何对奶茶进行本土化改造",显然"改造"是这部分内容的重点。

4. 有学者认为不同生活方式的接触会引起生活方式的改变,这种改变是通过"创新"实现的。

概括说明:这一段里有学者提出的概念,还有对概念的解读。解读使概念更好理解,更符合这篇文章作者的意思,所以选择了解说的内容,即不同生活方式的接触引起的生活方式的转变,称为文化变迁,文化变迁是生活方式上的变迁,创新是实现文化变迁的手段。概括时,先说明文化变迁的内涵,再提出概念的名称,因为概念的内涵更容易理解。

5. 经过本土化创新,奶茶具有了新的含义,反映了年轻人的生活方式。

概括说明:这一部分主要说明了奶茶经过创新,不仅在口味上有了变化,也反映了年轻人的生活方式。概括把"年轻人生活方式的一个符号,体现了年轻人消费习惯的变迁,更是对一种身份认同的追求"合并成一句,用"反映"一词代替了"体现"。

概括时使用的手段包括:

1. 找到主要信息,去掉细节性内容,如举例、数字等。

2. 合并同义词。

3. 去掉修饰语部分,排比、比喻等修辞性成分也要去掉,保留主要信息。

4. 合并一些意思基本相同、语言表述不同的语句,变换句式,缩短句子,提高语义密度。

常见问题例释/

例 1

浅谈台湾奶茶文化的三十年变迁

（一）张淑华等学者在身份认同研究中定义，身份认同是个体对自我身份的确认和对所归属群体的认知以及所伴随的情感体验及行为模式进行整合的心理历程。"看见别的年轻人都在喝，所以自己为了融入他们不至于落伍，也会买一杯"，不管自己是否真的对奶茶上瘾，实际上是一种从众心理在引导；"觉得奶茶杯及奶茶袋的外包装好看，奶茶周边及文创富有创意及个性化"是一种对年轻、新鲜、轻奢的身份认同的追求。其中，由于年轻女性更具有追求流行时尚、潮流的敏锐度，因此女性追求这种身份认同表现得更多。

（二）学者黄永宏等指出：文化与符号密不可分，它们有许多共同研究领域，如语言、言语行为、非言语行为、服装、食物、法律、政治、经济、广告等。在这里符号不仅是流行时尚、空间美学的符号，更是一种台湾年轻人生活方式、价值观符号的体现。台湾珍珠奶茶的"外带主流"传入大陆，深刻影响了大陆年轻人的"快时尚"价值观念；同时，和朋友边逛街边喝奶茶消遣聊天，也体现了一种慵懒的"慢节奏"生活方式。

（三）"慢节奏"的生活方式在这里贯彻得更彻底，以"喜茶"为例，除了产品本身品质的追求，更追求空间、氛围的设计，各种主题的门面设计凸显了创新和个性元素，更宽敞的厅堂、更多的桌椅赋予了空间更丰富的意义，它类似于年轻人心中的"茶馆"，满足了年轻人的社交需求和慢节奏的生活态度。

（四）有人统计，从 1996 年算起，奶茶仅仅用了 15 年的时间在中国大陆就超过了咖啡消费量的 5 倍，而咖啡进入中国已经 130 年了，并且奶茶的消费还在不断增长。奶茶已经从小本生意抓取"流量"入口，到成为一群有产阶级的狂欢，再到至今资本的烧钱布局。奶茶渐渐从一个小角向舞台的中心走近。可以看出，1.0—3.0 时代都是台湾奶茶独领风骚，潜移默化地向我们传达了台湾年轻人的一种慢节奏的生活方式及价值观念。4.0 时代大陆的各大品牌奶茶店吸取台湾奶茶工艺的精髓开始崭露头角，但经典的台湾奶茶仍然长盛不衰。回顾台湾奶茶文化这 30 年的发展史，可以看出虽然消费主体永远是年轻人，但消费习惯也在不断变迁。从单品类到多品种，粉末到奶盖茶，泡沫红茶店到现在的空间美学的概念店，它在不断更迭、不断升级。它是一个时代的符号，而当下正处于一个革新的时代，一杯奶茶的价值不仅仅靠"口感"来满足，更多的是一种消费体验，包括对空间、年轻、时尚、新鲜、轻奢以及身份认同的追求。

（李欣童，《传播力研究》2020 年第 14 期）

例 2—5 是学生完成的根据要求对例 1 进行概括写作的作业，我们分析一下其中存在的问题。

1. 概括时应该删除细节性的内容，包括例子、进一步展开阐释说明性内容。

例 2

例 1 中第（一）（二）两部分的主要意思：

首先，作者认为大陆年轻人"痴迷于奶茶"其实是为了寻求一种身份的认同。比如，看见别的年轻人都在喝，所以自己为了融入队伍，也会买一瓶喝。其次，作者认为台湾珍珠奶茶发展至今，已经不简单是奶茶本身，更代表一种符号。台湾珍珠奶茶的"外带主流"影响了大陆年轻人的"快时尚"价值观念；和朋友边逛街边喝奶茶消遣聊天，体现了"慢节奏"的生活方式。

在例2中，第一句说到了身份认同，后边"比如，看见别的年轻人都在喝，所以自己为了融入队伍，也会买一瓶喝"，是对身份认同的解释说明，在概括时应该省略。另外，"台湾珍珠奶茶的'外带主流'影响了大陆年轻人的'快时尚'价值观念；和朋友边逛街边喝奶茶消遣聊天，体现了'慢节奏'的生活方式"，是用来进一步阐释奶茶已经不是一种简单的饮料，已经成为生活方式和价值观念的符号，这两句话也可以去掉。

2. 概括时不能大量使用原文的句子，因为概括是用简洁的语言总结原文的主要意思，句子的语义密度要远远大于原文的句子。只挑选一些原文的句子组成概括很可能会遗漏原文中的要点。

例3

例1中第（四）部分的主要意思：

30年的台湾奶茶文化发展史，反映出了虽然消费主体永远是年轻人，但消费习惯在不断变迁。台湾奶茶文化是一个时代的符号，而当下正处于一个革新的时代，一杯奶茶的价值不仅靠"口感"来满足，更多的是一种消费体验，包括对空间、年轻、时尚、新鲜、轻奢以及身份认同的追求。

例3中使用的都是原文中的句子，整段文字是由原文中挑选出来的句子拼凑在一起的。原文主要提到了奶茶的火爆超过了咖啡，奶茶已经成为一种时代符号，不断变化。例3里遗漏了"奶茶目前特别流行"这一要点。

3. 概括不需要进行铺陈，也不用使用排比、比喻等修辞方式。

例 4

根据例 1，奶茶在大陆流行的原因：

作者认为奶茶在中国的流行大致有三种原因。

首先是年轻人对身份认同的追求。通过喝奶茶，年轻人愿意证明以及确认自己属于"喝奶茶"的时尚主流。

其次是奶茶已经不只是饮品，已成为一种符号；奶茶不仅是流行，更是一种台湾年轻人生活方式、价值观念的符号。通过喝奶茶，人们把这种符号融入自己的生活。

最后是奶茶通过创新进行了本土化改造。这种改造满足了年轻人的各种需求。

例 4 中"其次是奶茶已经不只是饮品，已成为一种符号；奶茶不仅是流行，更是一种台湾年轻人生活方式、价值观念的符号"使用了一个排比句，表达的意思基本相同。概括需要语言简洁，句子语义密度高，因此不需要把相同的意思用不同的句子表达。

4. 概括不是直接的改述，需要在阅读理解的基础上，保留原文的中心意思，去掉细节性、修饰性、举例性的内容。首先要做到的是读懂，其次是简化，然后进行语言形式上的调整，进行再编码。

例 5

根据例 1，奶茶在大陆流行的原因：

作者首先将奶茶在中国大陆地区流行的原因归结于年轻人对年轻、新鲜、轻奢的身份认同的追求。作者在文中指出这种现象是受人们心中的从众心理所引导的，而由于年轻女性更具有追求流行时尚、潮流的敏锐度，因此其成了奶茶文化中的最大受众。除此之外，台湾地区流行的珍珠奶茶带来的不只是珍珠奶茶本身，还有与珍珠奶茶及其文化挂钩的生活符号。中国大陆年轻人对奶茶的追捧现象，表现的是他们对台湾年轻人的生活方式的一种认同，并深刻地被其所影响，形成以时尚、慵懒为主的价值观念。再者，中国大陆奶茶在台湾奶茶的基础上进行了本土化改造，满足了大陆年轻人的社交需求和对慢节奏生活态度的渴求。

例5使用了同义词、近义词替换、改变句式等方法，对原文进行了改述，但是没有进一步提炼原文的中心意思，用简练的语言进行重述。比如保留了例子"而由于年轻女性更具有追求流行时尚、潮流的敏锐度，因此其成了奶茶文化中的最大受众"；"台湾地区流行的珍珠奶茶带来的不只是珍珠奶茶本身，还有与珍珠奶茶及其文化挂钩的生活符号"可以合并为一个句子；"中国大陆年轻人对奶茶的追捧现象，表现的是他们对台湾年轻人的生活方式的一种认同，并深刻地被其所影响，形成以时尚、慵懒为主的价值观念"也可以在语言上进一步简化。

::练习::

一、文献综述性论文应该包括哪两个部分的内容？

二、综合介绍相关主题的若干论文，对多篇文献进行概括，一般按照哪些类别分别进行综述？

三、作为论文一部分的文献综述，在论文中起什么作用？

四、文献概括的主要步骤有哪三个？
（1）
（2）
（3）

五、对以下语段进行概括，每段字数不超过 100 字。

（一）年轻人"痴迷于奶茶"其实是为了寻求一种身份的认同

张淑华等学者在身份认同研究中定义，身份认同是个体对自我身份的确认和对所归属群体的认知以及所伴随的情感体验及行为模式进行整合的心理历程。"看见别的年轻人都在喝，所以自己为了融入他们不至于落伍，也会买一杯"，不管自己是否真的对奶茶上瘾，实际上是一种从众心理在引导；"觉得奶茶杯及奶茶袋的外包装好看，奶茶周边及文创富有创意及个性化"是一种对年轻、新鲜、轻奢的身份认同的追求。其中，由于年轻女性更具有追求流行时尚、潮流的敏锐度，因此女性追求这种身份认同表现得更多。（227 字）

(二)"台湾珍珠奶茶"发展至今,已经不简单是奶茶本身,更代表一种符号

学者黄永宏等指出:文化与符号密不可分,它们有许多共同研究领域,如语言、言语行为、非言语行为、服装、食物、法律、政治、经济、广告等。在这里符号不仅是流行时尚、空间美学的符号,更是一种台湾年轻人生活方式、价值观符号的体现。台湾珍珠奶茶的"外带主流"传入大陆,深刻影响了大陆年轻人的"快时尚"价值观念;同时,和朋友边逛街边喝奶茶消遣聊天,也体现了一种慵懒的"慢节奏"生活方式。(184字)

（三）大陆奶茶在汲取台湾奶茶的基础上，通过创新对其进行了本土化改造

"慢节奏"的生活方式在这里贯彻得更彻底，以"喜茶"为例，除了产品本身品质的追求，更追求空间、氛围的设计，各种主题的门面设计凸显了创新和个性元素，更宽敞的厅堂、更多的桌椅赋予了空间更丰富的意义，它类似于年轻人心中的"茶馆"，满足了年轻人的社交需求和慢节奏的生活态度。（128字）

六、请修改下列语句在语言表达上的不当之处。

1. 和朋友边逛街边喝奶茶消遣聊天，传递了"慢节奏"的生活方式。

2. 奶茶不仅是流行，更是一种台湾年轻人生活方式、价值观念的符号。

3. 年轻人对奶茶的喜爱有着从众心理且为了追求身份认同。

4. 作者通过对台湾奶茶发展的分析，研究其在大陆和台湾地区兴起的现象的背后原因和意义，并对其所衍生出来的奶茶文化作深刻、较大篇幅的叙述，以此展望两地奶茶文化的未来发展。

第五讲　读书报告的写法

学习目标
1. 了解书面读书报告的性质、结构体例要求
2. 学习读书报告的写作方法，避免常见的写作问题

读书报告的性质、类型和要求

对于初入大学刚接触专业学习的本科留学生来说，阅读专业学术文献是课程学习之外最重要的专业知识积累和学术训练。读书报告一般有两种方式：一种是向老师和同学做口头报告，汇报所读文献的主题、基本内容、阅读收获和启发、阅读中的疑惑和思考等；一种是书面的读书报告，是学术论文的一种形式，要求写作者把握文献的核心内容，进行提炼和概括，并提出自己的一些思考和见解。本讲主要介绍书面读书报告的写法。

撰写读书报告并不仅仅是对文献内容的简单介绍和摘录，更重要的是通过对读书报告内容的精心选取和阐述，体现作者对文献内容的认识和思考。通过读书报告的写作，不仅可以拓展专业知识，而且可以很好地提升自己对专业问题的敏锐性，培养专业意识和创新思维，训练归纳概括能力和对学术问题的分析能力，是提高专业文献阅读综述能力和学术论文写作能力的一种十分有效的途径。

读书报告一般有三种类型：摘要式读书报告（summary-tape book report）、简评式读书报告（brief-comment book report）和书评式读书报告（book review）。摘要式读书报告一般只介绍文献的主要内容和要点，虽然不加入太多自己的看法，但在内容选取以及运用自己的话对原作内容进行或详或略的概述等方面仍要有自己的态度和思考；简评式读书报告要求不仅要概述所读文献的内容和要点，而且要在简述文献主要内容的基础上，表达自己对该文献的看法，针对文献中的一些内容阐述自己的观点；书评式读书报告是一种专门体裁，常见于期刊，主要是针对新出版的著作进行介绍和评价，方便读者了解。三种读书报告虽然侧重点有所不同，但都需要借助评判式阅读，即"当你进入文章所构筑的世界里，不仅要理解它的基本内容，更要经过思考，做出自己的评判，对整个阅读过程采取一种积极主动的探索和评估态度"[①]。

本科阶段很多课程还会要求学生写影评、展评等小论文，这样的论文也相当于读书报告，只不过分析讨论的对象不是一本书、一篇文献，而是某部电影、某个展览，写作的思路和方法都是一样的。

读书报告的结构和体例

读书报告的题目一般是"文献名＋读书报告"，或者采取主副标题形式，主标题突出读书报告重点要讨论阐述的主题，副标题为"文献名＋读书报告"，如"近代美国高等教育的模式移植与创新超越——《美国高等教育的发展与改革》读书报告"。

读书报告一般由引言、文献主要内容介绍、思考与评价等几个部

---

① 上述引文转引自张丽苹《从批判性阅读谈读书报告的写作》，《应用写作》2012年第2期。

分构成。下面通过例文具体说明。

例1

《语言与文化》读书报告 薛艳	题目
[摘要]　从广义上讲，语言本身既是一种文化样式，又是文化的载体。罗常培先生的《语言与文化》一书以语词的含义为切入点，联系人类学与社会学，跨越语言学、民族文化、宗教信仰等领域，丰富了语言研究的内容，开拓了语言研究的新领域，较全面地阐述了语言与文化的关系。<u>这本书虽然篇幅不长，但是资料丰富，角度新颖，见解独特，被认为是中国"文化语言学"的开山之作。</u>	摘要
[关键词]　《语言与文化》；语言；文化；反思	关键词
<u>从《马氏文通》产生到20世纪80年代，对汉语词汇人文性研究的成体系、独立的著作只有罗常培的《语言与文化》一书。</u>语言和文化这两种现象都是人类社会中极为复杂的现象，要谈论这两种复杂现象的方方面面之间的关系，问题就显得更为错综纷繁。罗书的宏观结构安排颇具匠心、合情合理，专门论述语言与文化的关系，<u>涉及传统文字学、音韵学、训诂学的知识，又有对少数民族语言和西方语言的研究。</u>	引言： 介绍《语言与文化》一书的背景、内容主旨、特点和价值。

从语言学研究扩展到语言与民族文化关系的研究，可谓新颖独特，在当时偏重形式描写的结构主义研究为风尚的时代显得卓然而立，别具特质。《语言与文化》的价值就在于能使读者有所思，有所得，有所用。它虽不完美，但对今后的研究确有启迪。

一、《语言与文化》一书简介

正文共分八章。

第一章为"引言"，提出了联系社会和民族的文化及历史来研究语言的宗旨，并简要介绍了后面七章的内容范围。

第二章"从语词的语源和变迁看过去文化的遗迹"。

第三章"从造词心理看民族的文化程度"。

第四章"从借字看文化的接触"。

第五章"从地名看民族迁徙的踪迹"。

第六章"从姓氏和别号看民族来源和宗教信仰"。

第七章"从亲属称谓看婚姻制度"。

第八章"总结"。

> 简要介绍文献各章节内容，便于读者了解全书框架结构。

二、《语言与文化》的再认识

（一）积极意义

<u>语言与文化之间是相互影响、相互作用的。语</u>言是表达和反映思想的工具，是文化的一部分，也

> 重点阐述书中值得关注的有价值的内容，说明其积极意义。

是文化的基石，没有语言，就没有文化；语言又受到文化的影响，反映着文化。正如罗宾斯所说："语言就是文化的一部分，而且实际上是最重要的部分之一，是唯一的凭其符号作用而跟整个文化相关联的一部分。"将语言与文化进行综合性的研究，其突出的优点就是能"还语言以血肉之躯"，使人感受到了活生生的语言，它是在一定的社会环境中负载着具体文化内容的语言。这是一种更高层次的研究，即回到语言得以存在与表现的具体文化背景中去进行研究，从而发现语言的很多深层的方面。

  研究语言与文化的关系具有重要的意义。①民族的传统文化、思维方式、思维习惯、社会心态、风土人情、审美情趣等方面，首先会反映在语言文字上。研究语言与文化的关系可以为哲学、历史学、社会学、民俗学和民族学等人文学科的研究提供真实可靠的依据。②从汉字本身还可以窥探出我国悠久的历史和多姿多彩的传统文化，这方面的研究成果可以反映我国的基本意识形态和社会生活状况，对进行爱国主义教育、增强民族凝聚力、提高民族的自尊心和自信心都有启示作用。③语言与文化关系的研究对拓宽对外汉语教学领域、促进中外文化交流也具有很大的实用价值。

注意：阐述文献重点内容不能只概述或引用文献中的文字，而是要就文献中的某个观点、内容谈自己的认识、理解。

在段落开始提出观点，然后分别从几个方面来证明自己的认识和评价。如：从①②③这三个方面阐述研究语言与文化关系的重要意义。

关于语言与文化的关系，我国语言学界的前辈，如赵元任、罗常培、王力等都有过精辟的论述。尤其是罗常培《语言与文化》，虽然篇幅不长，但讨论范围却涉及古今中外的语言与文化，可以说是"中国文化语言学"的开山之作。	明确阐述该书在语言与文化研究领域的地位。
作者的思路很明显受到西方人类语言学家的影响，大量吸取了他们的成分。对于活的语言、少数民族语言、语言与文化的关系这些问题的研究，都充分体现了人类文化学的一些基本观点。他在"引言"中就引述了几位西方著名语言学家、人类学家的话。如美国语言学教授萨丕尔说："语言的背后是有东西的。并且，语言不能离文化而存在。所谓文化就是社会遗传下来的习惯和信仰的总和，由它可以决定我们的生活组织。"罗常培先生将萨丕尔的这句名言作为指导思想放在论著首要的位置，为全书的论述打下了坚实的基础。	分析文献作者的写作思路及其学术思想渊源。
作者关于语言与文化的研究是有着明确目标的，如王均在"序言"中说的，这本书的目的是"给语言学和人类学的研究搭起一座桥梁来"。作者也通过自身的实践，"从语言学的研究扩展到语言与民族文化关系方面的研究，从语言学跨进人类文化语言学的艰苦而坚实的探索"，体现了"中西包容、互相补充借鉴的精神"，为中国语言学研究开拓了新的方向。	

作者关于语言与社会、文化之间密切关系的认识是相当稳固且深刻的。他在论述的每一方面都列举了大量的具体例子，以词汇材料为主。这是一本词汇与文化的专门著作。在语言的各个要素中，词语与社会和文化的关系最为密切，其文化属性是最为外露、浅显的，所以更能够被人们理解和接受，这就更加有力地证明了作者的观点。

　　我想该书最重要的现实意义是展示了联系社会文化研究语言的做法。全书展现了作者联系社会来研究语言、以发展的眼光看语言、语言研究服务于社会、语言研究与其他学科的研究相结合的特点。这全面地体现在当前的社会语言学的研究上。这在当时的中国语言学界是开创性的做法。

　　（二）不足

　　这本书作为一本"开创性的著作"还存在着一些不足。 | 阐述这本书的不足之处。

　　第一，它主要强调语言受到社会的影响，包括社会的变迁、具体的物质生产活动和社会政治活动等对语言产生的作用。也即物质文化和制度文化对语言的影响，还没有延伸到后来的文化语言学主张的那种广博的文化背景和文化精神。

第二，该书研究的词汇主要是非基本词汇，<u>对它们的语言文化意义的研究也比较狭窄</u>。而至于词汇的结构形式和词义的系统、词义成分的合成、词义义聚的各自发育程度，以及词形与词义的独特表现形式，<u>都还没有注意到</u>。

　　第三，<u>该书对语言文化意义的研究还处于个别的、零星的状态</u>。没有立足于词语构成来看文化因素。在对语言的考察中，语言文字的文化意义还只是作为一种参考的因素，没有成为语言学的专门研究对象。

　　第四，作者在研究中也强调了加强语言与文化联系的必要性，并且做出了一些努力，但还没有把它作为一个完整的理论体系提出来。到了具体的研究实践中，更倾向于把语言的文化意义作为一种描写语言形式的补充，而不是把它当作独立的研究对象。因而，<u>也没有提出完整的理论观点和方法论体系</u>。

三、联系现实的思考

　　<u>语言和文化是相辅相成的。语言具有民族性</u>，可以说，语言反映一个民族的特征，它不仅包含着该民族的历史和文化背景，而且蕴藏着该民族的生活方式和思维方式。<u>中国人对颜色看得特别重，不</u>

> 结合事例阐述自己对语言与文化的思考和受到的启发。

同的颜色代表不同的风格和特色。这在语言里也留下了很深的烙印。例如红色在中国人的文化意识中象征着吉祥、喜庆，如把促成他人美好婚姻的人叫"红娘"，把热闹、兴旺叫"红火"，形容繁华、热闹的地方是"红尘"；它也象征顺利、成功，如人的境遇很好被称为"走红""红极一时"，得到上司器重信任的人叫"红人"，给人发奖金叫"送红包"等；它还象征美丽、漂亮，如指女子盛妆为"红妆"或"红装"，指女子美艳的容颜为"红颜"等。然而西方文化中的 red 则是一个贬义色彩相当强的词，是"火""血"的联想，它象征着残暴、流血，如 the red rules of tooth and claw（残杀和暴力统治）、red revenge（血腥复仇）、a red battle（血战）等；它也象征危险、紧张，如 red alert（紧急警报）、a red adventure story（一个令人紧张的冒险故事）等；它还象征着放荡、淫秽，如 a red waste of his youth（他那因放荡而浪费的青春）、a red light district（红灯区）等。

　　现代汉语的股市语言中也有很多词语是由语言和文化的相互作用产生的。例如"牛市"是指行情看涨的股票市场。据说因为牛的双眼一般都向上望，且奔跑有力，故人们取"牛"的义素，把股票价格普遍上涨、前景较光明的市场比喻为"牛市"，象征着股市的上扬行情。反映在股票价格指数上，走势上扬有力，在市场上表现为各种股票普遍供不应求，大部分投资者做多头。"熊市"是指行情看跌的股票市场。据说因为熊的双眼经常向下望，且身体笨拙，行动迟钝，故人们取"熊"的义素，把股票价格普遍下跌、前景较暗淡的市场比喻为"熊市"。反映在股票价格指数上，走势下跌，在市场上表现为各种股票普遍供过于求，大部分投资者做空头。"鹿市"是指投机活动盛行时期的股票市场。鹿行动灵活，善于跳跃，成群奔跑。一般来说，股票投机者往往也是在股票市场上出现次数最多的人，投机活动猖獗的时候，投机者往往云集在一起游动奔跑，十分活跃，恰似鹿群涌奔，故比喻为鹿。也有人认为"鹿市"是指股票大势可能逆转但还未逆转时期的股票市场，此时股价走势不明，投资者十分谨慎，对股市信息保持着一种像鹿一样的警觉。

　　语言是一个与社会和文化密切相关的符号系统，语言的研究是不应该离开社会和文化的，语言与文化又是相互作用的。所以我们应该进行语言与文化关系的双向研究，既可以从语言材料入手，研究文化的特质，也可以考察文化在语言中的投影，使语言与文化的内在联系更清楚地显示出来。研究文化背景和传统文化是为了更好地解释某些语言现象，让语言与文化的研究联系起来。如果孤立地介绍文化现象，或者孤立地介绍语言现象，语言同文化毫无关联，那只能给人以东拼西凑的印象。罗常培先生的《语言与文化》联系人类学与社会学，跨越语言学、民族文化、宗教信仰等领域，丰富了语言研究的内容，开拓了语言研究的新领域，较全面地阐述了语言与文化的关系。我们应该将这种研究方法和精神延续下去，开拓更广阔的研究领域，促进汉语研究的发展。

最后回到这本书，明确指出这本书的价值和意义。

参考文献

[1] 陈建民.语言文化社会新探 [M].上海教育出版社，1989.

[2] 陈建民.关于语言与文化研究的思考 [J].汉语学习，1992（4）.

[3] 罗常培著，胡双宝注.语言与文化（注释本）[M].北京大学出版社，2009.

[4] 罗常培.语言与文化 [M].北京出版社，2016.

[5] 潘文国.汉语文化语言学刍议 [J].汉语学习，1992（3）.

[6] 邵敬敏.说中国文化语言学的三大流派 [J].汉语学习，1991（2）.

[7] 邵敬敏.关于中国文化语言学的反思 [J].语言文字应用，1992（2）.

[8] 邢福义主编.文化语言学 [M].湖北教育出版社，1990.

列出参考文献。

常见问题例释

本科留学生同学刚开始写读书报告时,由于对读书报告的性质、体例不够了解,写作中常会出现以下一些问题。

一、将读书报告写成了读后感,在结构形式和内容表述方面都不符合读书报告的要求。

读书报告也是一种学术论文,在内容上要有一定的学术性,是对所读文献在某个学术问题上的贡献和不足进行阐述和讨论,像上面所举的例子"《语言与文化》读书报告",其内容主要是阐述《语言与文化》这本书在研究"语言与文化的关系"这一学术问题上有哪些创新和不足之处,在讨论创新和不足时要有论据来论证自己的看法,不能像读后感那样只发表自己的主观感受。例如下面这篇读书报告的作业:

例 1

①这次阅读的书是戴维·迈尔斯的《社会心理学》,作者是一位来自美国密歇根州霍普学院的心理学教授。他曾发表过多篇论文,也撰写过多本书,如《心理学》《我们都是自己的陌生人》《看不见的影响力》等。②社会心理学是一门内容广泛的学科,比起社会学,社会心理学更注重以实验方式对个体进行研究;比起心理学,社会心理学更注重不同个体之间如何互相看待和影响的研究,极少关注个体之间的差异研究。	作为一篇读书报告,缺少题目、摘要、关键词。 从结构和体例来看,缺少必要的章节标题。 ①这段话介绍的是所读文献的作者,没有将《社会心理学》这本书作为主题进行介绍。

③这本书在第一章"社会影响塑造行为"中的一个研究显示人有30%的时间都花在了交谈上，从中了解到社会关系对人类非常重要。④这一点我非常赞同。自古以来，人类都是群居生活的生物。群居生活中不可缺少的是社会关系，也称社交互动。促使人类社交互动的因素有很多，包括一个人长时间独自待着会觉得孤独寂寞想找人聊天，遇到困难的时候想找人帮忙，发生愉快或者悲伤的事情的时候想与人分享和倾诉等。比如孩子从小受到父母的虐待、被好朋友狠狠地伤害、认为自己长得不好看又很在意别人的眼光或者从小习惯一个人待着等，他们与世隔绝是为了保护自己，不让自己受到任何伤害。由此，我认为社交互动对有社交需求的人来说是重要的，而对没有社交需求的人来说则毫无价值。

对于上述有关社交互动的观点，我是能理解的。一个人的人生好比一辆列车，在每个车站都会有人上车，也会有人下车，不是每个人都可以陪你走到终点站，你必须学会习惯生命中有人来、有人离开。人生不就是陌生人在身边来来往往吗？其实一个人也挺好，一个人也可以沉浸在自己的世界，做自己想做且喜欢做的事情，不顾外界的眼光和批评，自由自在地活着，对其人生未尝不是一件好事。这次阅读让我了解到如何定义社会中的自我以及对自我的认识，阅读后的思考也让我收获不少。不管有无社交需求，我们都没必要也无法去干预别人，唯一能做的就是给予尊重。

②这段话介绍的是社会心理学，也没有与《社会心理学》这本书的内容和价值关联。

③这里直接开始谈第一章的一个研究，没有对这本书的框架和内容进行全面简介。

④后面这两段内容都属于读后感，更接近议论文写作，所发议论是主观性的个人感想，没有客观地分析评价所读书籍的价值和不足。

二、将读书报告的摘要和关键词写成了所读文献的摘要和关键词。

例 2

《新时代大学生生态环境保护意识培育研究》读书报告

摘要：新时代高素质人才应该不断增强生态环境保护意识。文章全面分析了当代大学生生态环境保护意识培育的现状，以及大学生生态保护意识的培育途径。

关键词：新时代；大学生；生态环境；保护意识

例 2 中，摘要和关键词的内容实际上是所读文献的内容，并不是这篇读书报告的，摘要中的"文章"应该指的是这篇读书报告，而不是《新时代大学生生态环境保护意识培育研究》这篇论文。

另外需要注意的是，"本文"指的是自己写的这篇读书报告，"该文"指的是前面提到的某一篇文章，指代一定要清楚明确，不能乱用。请在下面《十三天》读书报告"的摘要中填入"本"或者"该"：

摘要：《十三天》一书是罗伯特·肯尼迪根据其当时的日记整理而成。（   ）书利用一手资料，从美国决策层的视角，对所谓"古巴导弹危机"进行了概述。（   ）文将先对《十三天》的主要内容进行概述和简评，然后阐述其对现实的启示。

三、把读书报告写成了对所读文献的缩写，只概述文献内容，没有对其学术价值进行阐述和思考。

例3

《新时代大学生生态环境保护意识培育研究》读书报告

①王连洋是佳木斯大学机械工程学院讲师,从事学生管理、思想政治教育研究。

②随着人类技术的发展,环境问题越来越凸显,严重破坏了人类生活和可持续发展。在中国特色社会主义新时代的背景下,大学生作为社会未来的主角,应该不断增强自身的生态环境保护意识。生态环境保护意识培育是学生增强环境保护意识的重要条件。

③一、当前大学生生态环境保护意识培育的现状

大学生生态环境保护意识培育有所进步。第一,一些学校不断完善生态环境保护培育方面的教育资源和环境,更加重视培育工作。第二,受外在因素的影响,大学生对环境保护问题有了更多的关注。但还是存在一些问题。首先,大学生生态环境保护意识培育成效并不显著。虽然大学生对环境问题有所关注,但只停留在关注的阶段,行动上还是很被动,并且大学生对与生态环境保护的相关法律法规并不清楚,这说明生态环境保护意识培育工作还需要加强。其次,高校对生态环境保护意识培育方面的重视程度不高,这不利于生态环境保护意识的有效培育。

①这一句和下文缺乏必要的联系。如果要介绍文献的作者,应该将作者的相关信息与文献内容联系起来说明,如:……,因此他对新时代大学生的思想意识有着比较深入的了解,他基于……撰写的《新时代大学生生态环境保护意识培育研究》一文……(这里可以说明这篇文献的价值和意义)。②这段话作为读书报告的引言,应该写这篇读书报告的写作目的和主要内容,而不是直接用文献中的引言内容。

> ④二、大学生生态环境保护意识培育路径
>
> 第一，高校要加大大学生生态环境保护意识培育工作的力度，把生态环境保护意识培育作为整体培育的首要任务，而且不能只停留在理论教育，需要联系实际，建设多样化课程，并且持续增强教师的生态素养和教学能力。第二，高校要积极营造良好的生态环境保护氛围。……

③④作为读书报告引言之后的第一和第二部分内容，应该概括介绍所读文献的内容，对文献的优缺点或者值得关注的内容进行评述，而不是直接把文献的部分章节和阐述内容搬过来。

四、读书报告的章节及其标题、内容缺乏层次，核心论点不够突出。

例 4

《阿 Q 正传》读书报告

摘要：本文主要探讨《阿 Q 正传》中着重刻画的"国民劣根性"，分析这种国民精神形成的原因，并总结鲁迅先生通过《阿 Q 正传》所要传达的思想寓意。

关键词：《阿 Q 正传》 国民劣根性 精神胜利法 辛亥革命

一、《阿 Q 正传》内容概述

在序言中，作者交代了文章的名目及对阿 Q 的简述，字里行间充满了批判意味。例如：说自己的文章是"引车卖浆者流"所用的话，不敢僭称，是对反对白话文、主张保留古文的林纾的暗讽。在考察阿 Q 的姓的过程中，作者插入了一段插曲：赵太爷不准许阿 Q 姓赵，表

达了统治阶级对底层人民的轻蔑。当鲁迅求教茂才公时，他认为提倡洋字导致了国粹沦亡，阿Q的姓便无可查考了，讽刺了那些执意保留所谓"国粹"的人们，也从侧面表明辛亥革命后封建文化的糟粕仍然存在。不论是阿Q的姓名、籍贯还是经历都被人遗忘了，可见阿Q的死对未庄人来说轻如鸿毛，不值一提，反映了当时底层人民地位之低，与群众普遍的"看客"心理也不无关系。

序之后，便开始介绍阿Q的生平。阿Q没有家，也没有固定的职业，靠打短工为生，可谓是在社会的最底层。但阿Q却极为妄自尊大，蔑视别人。仗着进过几回城，便讥笑未庄人不见世面，对城里人也很鄙薄。这种心态不禁让人联想到鸦片战争前的旧中国，即便闭塞、落后，但仍然盲目自信，始终以天朝上国自居，轻视夷人，落得被西方的坚船利炮打开国门的下场。

之后的几段情节，更具体地刻画了阿Q的精神胜利法。阿Q被人从"形式"上打败后，心里想"我总算被儿子打了"，以谋求精神上的胜利。被他人胁迫时，阿Q自认是"虫豸"，心里却想自己是第一个能够自轻自贱的人，再次获得满足。

赌摊的情节将这种精神胜利法烘托到了极致。未庄赛神的晚上，阿Q接连得了胜，赢了许多洋钱，却被村外人趁乱偷走。阿Q扇了自己两个嘴巴，通过"自残"来平息怒火，让人啼笑皆非。在不断被压迫、剥夺的时候，却将仅剩的反抗意识用于自我摧残，何等可悲！

随后，作者讲述了阿Q生平几件屈辱的事。一是挑衅王胡，却被他击败；二是被假洋鬼子打。阿Q咒骂假洋鬼子，认为他里通外国，尤其对他的"假辫子"深恶痛绝。肯定扎辫子这类落后的封建习俗、保守闭塞、排斥洋人，都是阿Q深受封建主义思想毒害的铁证。当假洋鬼子拿着哭丧棒走近，阿Q知道大约要打了，抽紧筋骨，竦了肩膀等候着。这一片段将阿Q的奴性体现得淋漓尽致。这种奴性，是人们在长期的封建统治下形成的惯性。阿Q遭受屈辱后，便拿小尼姑出气，刻画了阿Q恃强凌弱、蔑视女性的性格。

在第四章，作者说"中国精神文明冠于全球"，讽刺了那些对中国的精神文明（主要是儒家思想）盲目自信的人。在那个年代，大多数人只认可西方的科技、器物，却不认可其思想。从洋务运动到辛亥革命，人们只学习了西方的科技和部分制度，国民心中根深蒂固的封建主义思想没有动摇。作者说阿Q的思想"样样合于圣经贤传"，严守"男女之大防"，排斥异端，对女性有偏见，都指明了阿Q深受封建文化的影响。即便如此，阿Q终究无法忍受诱惑，对赵太爷的女仆吴妈出手，被赶出赵府还赔了钱，既表现了统治阶级的压迫，也凸显了封建社会对人性的压抑。

之后，阿Q由于赵家的陷害失去了生计，他却浑然不知，将怒火发泄到与他处境相似的小D身上，这是阿Q恃强凌弱性格的表现。"反抗"精神用错了地方，更写出阿Q的愚昧。在阿Q与小D争斗时，旁边的群众煽风点火，"看客"精神尽显无遗。最终阿Q只得去静修庵偷萝卜。之后，阿Q进城归来，经历了短暂的中兴。

当革命党将进城时，阿Q虽一向深恶痛绝，但目睹未庄人对革命的恐惧后，认为革命是"我要什么就是什么，我欢喜谁就是谁"，便有了加入革命党的愿望。阿Q将革命视为儿戏；未庄人对革命感到恐惧；赵太爷张皇失措，甚至敬称阿Q为老Q；秀才和洋鬼子则是趁火打劫，只顾自身的利益。作者细致地描写了不同群体对革命的态度，影射了辛亥革命失败的原因：革命不但没有深入群众，反被一些图谋不轨的人利用。在第八章的开头，更是指出：革命党虽然进了城，倒还没有什么大异样。知县大老爷还是原官，不过改称了什么。唯一的变化，便是将辫子盘在头上的人多了。这恰恰说明了革命的失败，它只改变了一些形式，未能改变中国封建社会的本质。

之后，阿Q投降假洋鬼子被拒。不禁让人联想到辛亥革命中资产阶级把有强烈革命要求的底层人民拒之门外。赵家遭抢，阿Q作为替死鬼被捕后，在长衫人物面前不自觉地跪下，是他无可救药的奴性的表现。在画押时，阿Q所担忧的竟然是画的圆圈不圆，想着：孙子才画得很圆……直到临死关头，阿Q才明白了自己的处境。他就像一个人偶，被操纵却浑然不觉，不觉悟到了极点。未庄人在看阿Q被杀头时，想的竟是：游了那么久的街，竟没有唱一句戏，体现了冷漠残酷、麻木不仁、寻求猎奇、缺失人性的国民劣根性。

总的来说，《阿Q正传》描绘了在当时畸形的社会中普遍存在的国民劣根性。鲁迅曾借用"羊样的凶兽，凶兽样的羊"来形容国民的这一劣根性。若将其分为两部分，第一是奴性。中国古代长期处于封建主义统治下，尤其在清代，封建专制达到巅峰。其中也包括思想管制，"文字狱"便是一例。这导致国民丧失了独立思考能力，甘于被奴役。第二是麻木不仁，冷漠自私，寻求猎奇。虽然表面上老实本分，但长期被压抑着本性，使得国民不断追求视觉、听觉的刺激，促成了所谓"看客"心理。而长期受统治阶级的压迫，又使他们变得自私、冷漠和虚伪，尽力去维护自己一点小小的利益。阿Q的精神胜利法，实际上是对所受压迫的一种反抗。但他的奴性又限制着他，使他无法做出有意义的抵抗，他的一切努力都会以失败告终。因而他只能从精神上战胜敌人，殊不知这只是自我欺骗、自我麻醉罢了。

二、联系现实的思考

《阿Q正传》写于辛亥革命之后的10年。文章中关于革命的描写，处处暗示着辛亥革命的失败。事实上，辛亥革命没有明确彻底的反帝反封建纲领，导致革命后封建道德观念依然深入人心。作者通过《阿Q正传》想要传达的是：国民劣根性是革命失败的根源。底层人民若不摒弃封建糟粕思想，克服奴性，革命就不可能成功。

辛亥革命后的国民，仍然是那样麻木。鲁迅"哀其不幸，怒其不争"，于是以笔为武器，将民族精神中的消极方面暴露无遗，让人不禁感叹：这样的国民，不改造行吗？从这个层面看，《阿Q正传》是对整个民族的呼吁：要抛弃封建道德观念，自强自立，成为一个有血气、有反抗精神的民族。

参考文献：
鲁迅《阿Q正传》

这篇"《阿Q正传》读书报告"，摘要中明确提出本文要探讨《阿Q正传》中着重刻画的"国民劣根性"并分析其成因，但正文中只有两章，第一章是内容概述，第二章是联系现实的思考。第一章作为概述，介绍文献内容时不够简明，引述小说细节过多、过于具体，淹没了读书报告所要谈的主要论题。第二章是思考与讨论，应该是读书报告的重点内容，又过于简略，缺乏必要的阐述论证。两部分内容头重脚轻，都没有突出摘要中提出的"国民劣根性及其成因"。

另外，例4这篇读书报告，开篇没有介绍所读文献即《阿Q正传》的作者、写作背景、文献价值以及这篇读书报告的写作目的等，对文献的重要性和读书报告的写作意义缺少必要的说明。读书报告最后的参考文献中只写了"鲁迅《阿Q正传》"，缺少出版社、出版时间等文献信息。

基于上述原因,这篇读书报告的框架可修改为:

《阿 Q 正传》读书报告

摘要:

关键词:

一、引言

二、《阿 Q 正传》内容简介

三、国民劣根性刻画及形成原因

四、启示与思考

五、读书报告写得过于简略,缺乏必要的阐述和论证。

例 5

《音乐美学视角下的音乐艺术形式分析》读书报告

摘要: 该文通过音乐美学的角度研究了音乐艺术。

关键词: 音乐美学;音乐艺术

一、文献介绍

该论文是秦皇岛职业技术学院的学生梁良和赵美音写的。该论文文献背景有音乐艺术形式、演唱者、音乐美学、美学视觉和创作者。

该论文有四个部分,包括音乐艺术形式、音乐美学视角下的音乐艺术形式具体分析、音乐美学视角下音乐形式的实现路径、结语。

二、文献优点

该论文内容丰富全面,详细地解释了各个主题(比如浪漫音乐和古典音乐),使读者能够清楚地明白其内容。

三、总结

《音乐美学视角下的音乐艺术形式分析》是一篇清晰、雅俗共赏的论文,能使读者开阔眼界。

∷ 练习 ∷

一、读书报告的写作目的是什么?一般包括哪些内容?

二、选取下列文献之一或者本专业内容的读书报告,阅读并仿照本讲的例文,分析读书报告的结构和体例。讨论并报告:

1. 该读书报告的题目、大小章节标题。
2. 该读书报告分了几个部分?每个部分主要谈了什么内容?试用一两句话概括。
3. 哪些内容是摘取文献的内容?哪些是作者的评述?
4. 文献摘要和作者评述的关系。

文献:

① 赵阳,《技术,是福音还是诅咒?——〈全球通史〉读书报告》,《文教资料》2016 年第 2 期。

② 张芳,《〈中西翻译简史〉读书报告》,《校园英语》2017 年 4 月。

③ 张雪丽,《近代美国高等教育的模式移植与创新超越——〈美国高等教育的发展与改革〉读书报告》,《中国农业教育》2010年第5期。

三、请修改下列语句在语言表达上的不当之处。

1. 那篇论文第四部分总结全文所论述的内容,而且强调语言交流的重要性。

2. 此研究为刘伯红和卜卫学者1997年所著,深入解析当时广告环境中的女性形象,而其对于歧视广告的特征分析、产生原因仍具实效性,继续为广告行业起到警示性作用。

3. 读完《认知的科学》这篇文章,我了解到了认知心理学的有关知识,并对其中介绍的内容有所体会。

4. 此书作者同时也用了清新有趣的语言来使得此书更加生动。

5. 新闻必须得保证真实性，不然我们再也不会相信媒体，进一步也不相信政府。希望新闻从业者为了保证新闻真实性，坚持自己的信念，把自己的正确的知识都用在新闻。

6. 汪汇源写作的这篇论文在结构完整并清晰。作者说作者自己进行的文化对比是基于霍夫斯泰德的五种文化维度（集体主义与个人主义、不确定性规避、权力距离、男性气质和女性气质、长期去向和短期去向）。因此作者首先使读者知道霍夫斯泰德是谁，理解霍夫斯泰德的五种文化维度详细是什么。读者先可以充分了解五种文化维度之后，理解汪汇源写作的这篇论文下面主要内容。作者基于五个文化维度进行对比的时候也明确地分划了五个段落，来让读者易于理解各个维度上的中美新闻界文化差异。

7. 什么叫做两个具有较高预测效度的测试相结合的人格测试？看完整篇文章，还有大大的疑问没有消下去。

第六讲 论文的题目

> **学习目标**
> 1. 学习拟定题目的方法，了解如何将文章的主要内容概括成一个题目
> 2. 了解拟定题目时要注意的问题

题目的作用

我们在阅读一篇论文时，首先看到的就是论文的题目。论文的题目处在论文中最显著的位置，起着非常重要的作用。汉语有一个成语叫"画龙点睛"，说的是画家最后把龙的眼睛画好了龙就飞走了，这个成语用来比喻在关键的地方加上精辟词语，可以使得内容更加生动传神。论文的题目就相当于龙的眼睛，能够彰显论文的亮点。读者通常通过题目来判断是否需要继续读下去。

拟定题目要考虑的因素

在拟定论文题目时，要考虑三个因素：

1. 概括性强，能够明确反映文章主旨。比如我们一看到"个性化服务技术综述"这个题目，就知道这是一篇关于"个性化服务技术"方面的"综述"。

2. 用词准确，便于读者检索。比如"中国城市居民旅游目的地选择行为研究"这个题目，输入"居民""旅游""选择行为"等词语都可以检索到这篇文章。

3. 吸引读者，促使读者阅读。如"从《麦田里的守望者》的脏话标记看'垮掉的一代'的价值观"包含读者熟知的一些元素，能够吸引读者阅读。

拟定题目的方法

1. 以研究的主要内容为题

在拟定题目时，最先考虑的是论文的题目是否包含了论文的主要内容。论文的主要内容一定要直接体现在论文题目中。如：

电商平台农产品营销策略研究
主流媒体节庆短视频的情感表达分析
沉浸式体验对大学生汉服消费的影响

如果论文内容较为复杂，一个题目包容不下，可加一个副标题，即论文题目采取"主标题+副标题"的方式。需要特别注意的是，副标题是对主标题的补充说明。副标题的作用应该是更好地揭示文章的本质，不能为了显得所谓的更加学术而起个没有信息含量的副标题。在拟定副标题前，一定要仔细斟酌是否需要副标题。

副标题常用的结构有："以……为例""基于……的分析/研究""关于……的研究""兼谈……问题""兼论……问题""从……说起""谈……问题"。如：

怎样对比才有说服力——以英汉名动对比为例

加强长三角大型城市公共卫生应急物资储备的实践与思考——以杭州市为例

经济结构、银行业结构与经济发展——基于分省面板数据的实证分析

中西思维方式：悟性与理性——兼论汉英语言常用的表达方式

寻访法学的问题立场——兼谈"论题学法学"的思考方式

如何推动酒店管理专业的发展——从广东省酒店职业英语等级考试说起

关于"太"字结构的教学与研究——谈对外汉语语法教学三个平面的结合问题

在拟定题目时，也可以将主标题拟定得有趣味一些，通过副标题展示论文的主要内容。如：

"有意义"不如"有意思"——论高校图书馆的营销策略

"二"还是"三"——什么是一个最小流水句

2. 以"研究对象 + 研究内容"为题

当所研究的对象是一类特别的群体时，也可以把研究对象放在题目中。如中医学留学生比较具有特点，可以将之放在题目中：

医学留学生汉语学习工具型动机

再比如：

韩国学生中文阅读学习策略研究

因为韩国学生的母语背景可能对研究结果产生影响，是非常重要的变量，所以也有必要将之放在题目中。

3. 以"研究方法＋研究内容"为题

如果研究方法需要凸显，也可以在题目中展现，这样就是以"研究方法＋研究内容"为题，告诉读者是用什么方法研究什么问题。如：

中国上市公司治理结构的实证研究
外语教学读写过程中的"真实性"个案研究
基于中外对比的汉语文化教材系统考察
基于语料库和语料库驱动的词语搭配研究
煤炭对国民经济发展贡献的定量分析

4. 以"研究方法＋研究对象＋研究内容"为题

如果题目不太复杂，可以"研究方法＋研究对象＋研究内容"为题，告诉读者用的什么方法研究的谁的什么问题。如：

互动视角下的泰语母语者汉语特殊疑问句的习得研究
基于 VAR 模型的经济增长与环境污染关系实证分析——以山东省为例

拟定题目时要注意的问题

拟定题目的过程其实也是明确研究内容与思路的过程。比如"中西文化比较研究"这个题目就过大，这只是一个研究方向，实际上并没有说明研究什么，一定要缩小到范围更明确的题目。题目也不是一下子就能明确的，也是经过反复思考、大量阅读、多方请教才能逐步完善的。学术论文写作的初学者，可以选择一些好驾驭的内容、比较具体的小题目。

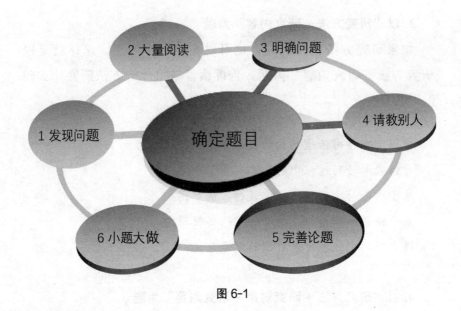

图 6-1

题目的字数

论文的题目可长可短,从字数上来说,主标题长度多为 5～20 个字,一般不少于 3 个字,主标题加上副标题的字数一般不超过 30 个。

短的题目如:

论一罪
说"怎么"

长度适中的题目如:

论中国现当代女性作家小说中的食物意象
浅析经典美术作品——《最后的晚餐》
海南省工业碳排放量影响因素实证分析

较长的题目如:

需求制导的业务协作及其软件模型服务的互操作技术——化解云计算与大数据时代软件服务的模型数据"信息孤岛"危机

太短或者太长的题目都不便于读者阅读或者理解，10个字左右的题目阅读起来较为易懂也较为轻松。

标题的语言

从语言上看，题目应是一个短语而不是一个句子。题目常用名词短语或者动词短语，前者如"……的分析/研究/考察"，后者如"论……""从……看……""浅析……"。

整篇论文的题目

从整篇论文来看，通常为三级标题，最大的一级标题一般采用汉字数字"一""二""三"或者阿拉伯数字"1""2""3"，下一级标题使用相应的降级形式。如：

1
  1.1
    1.1.1
    1.1.2
  1.2
    1.2.1
    1.2.2
2
  2.1
    2.1.1
……

同一级标题的内容为 2～5 点，小标题的拟定尽量结构平行、字数相当。如：

一、结构的空间形式——中国套盒式叙事
二、人物的空间塑造——世俗社会的典型
三、记忆的空间书写——时代洪流的印痕

（罗璠、文坤怿，《韩少功长篇小说〈修改过程〉的空间叙事特征分析》，《中国文学研究》2022 年第 4 期）

常见问题例释

一、题目展现的研究范围过大。如：

中国大学生打工情况调查及其原因探析

分析：题目范围较大，"中国大学生"是一个非常庞大的群体，无法在一篇论文中研究清楚，可以添加副标题"以北京大学本科生为例"。

二、主标题与副标题表述重复。如：

全球流媒体市场危机及发展趋势研究——以奈飞为例分析流媒体的危机与发展方向

分析：主标题中的"危机及发展趋势研究"与副标题中的"分析流媒体的危机与发展方向"表述重复，删除副标题中的"分析流媒体的危机与发展方向"。

三、题目表达不准确，未区分因变量和自变量。如：

二十一世纪中国互联网企业与上市的关系

分析：题目里要表达清楚是谁对谁的影响，可以改为"上市对二十一世纪中国互联网企业的影响初探"。

四、从语言表达上来说，题目应该使用名词短语时却使用了动词短语。如：

韩国优势自然资源开发利用现状、存在问题

分析：需要添加"的"，将题目改为典型的名词短语，可以改为"韩国优势自然资源开发利用的现状以及存在的问题"。

∷ **练习** ∷

一、拟定题目时，要考虑哪些因素？

二、拟定题目的方法是什么？

三、题目多长合适？

四、如何避免题目过大的问题？

五、分析下面题目的命名特点，说出这个题目是否包含了研究内容、研究对象、研究方法。

1. 基于大数据分析的推荐系统研究

2. 泰语母语者学习汉语出现"泰式口音"问题分析及教学策略

3. 基于平板电脑的电子课本在香港中学英语课堂教学实施的个案研究

六、根据以下论文摘要的内容，分别为论文拟定题目。

1. 为使俄罗斯经济摆脱资源型发展模式，实现健康可持续发展，俄罗斯政府重启经济现代化进程。从近期看，经济现代化是俄罗斯政府反危机计划的优先方向；从长期看，经济现代化是俄罗斯增强国家竞争力、实现强国梦想的战略选择。为此，俄罗斯政府开始在国内外进行战略布局：打造"俄版硅谷"，加快高新技术研发及其产业化进程；调整外交优先次序，在资金和技术上助推经济现代化。但是，俄罗斯也不得不面临一些严重制约经济现代化进程的问题：企业缺乏创新动力、人力资本质量偏低以及低水平的"制度质量"等。因此，俄罗斯这种自上而下的经济现代化将是一个长期艰难、充满曲折的过程。

2. 交际策略是指在言语交际过程中，为有效实现交际意图而采取的语言表达方式，在交际中解决特定交际功能下说什么和怎么说的问题。它体现为两个方面的语言技能：一是逻辑—语义内容的选择、组织，一是语言项目的选择。交际策略教学法就是以交际策略为纲安排语言教学内容，以交际策略为出发点组织、实施课堂教学，训练学生在特定的交际功能中选择与组织语言项目，充分、得体地进行语言表达的能力。本文依据教学实践，介绍与分析交际策略教学法在商务汉语口语教学中的运用。

3. 文学是语言的艺术，应从语言变革对中国现代文学形式发展的深度影响这一视角，呈现一部作为语言艺术的中国现代文学发展史。中国现代文学是以"五四"反对文言文、提倡白话文的语言变革为起点的，这场语言革命以及其后各历史阶段的文学语言变迁，对包括形式在内的中国现代文学的整体发展都产生过深度影响，从而成为中国现代文学形式发展、演进和主要特征形成的内在根源。深入探讨语言变革与中国现代文学形式发展的互动关系及其规律，不仅能揭示语言变迁所营构的普遍的文学创作的语言环境，而且能发现文学体裁和文体形式现象、作家的文体选择行为、文学作品的形式特征等的历史成因，能对"五四"白话文运动及其后的一系列新的文学形式和文体现象，作出准确的阐释和评价。这有利于更好地总结中国现代文学形式发展的经验，并为我们当今文学形式的发展找寻历史的启示意义。

4. 本文采用个案研究方法考察我国香港高校课程提供的二语输出活动以及个案学生的语言发展轨迹。文章描述了个案学生学习的官方课程、实际课程、隐性课程和课外课程中的语言输出活动，分析了该个案二语写作的复杂性、流利性和准确性等语言发展指标。研究结果表明，港校的立体课程为学生的语言输出和二语发展提供了多元机会，有助于提高其语言的流利性、复杂性和准确性。其中，流利性和词汇复杂性的发展最为明显，准确性发展次之，句法复杂性发展较为平缓。从各项语言发展指标来看，个案学生的二语书面语水平远远高于我国内地英语专业本科生，已接近甚至达到英语本族语者书面语水平。

5. 大数据理念和方法为电视综艺节目的精准营销提供了新的途径和工具。本文结合电视综艺节目营销的特点和要求，引入大数据的概念和思路，构建了基于大数据的电视综艺节目精准营销框架，设计了微博效用指数。通过分析海量节目数据，进行电视受众精准定位和细分，与电视受众建立个性化的传播沟通机制，选择最合适的营销模式，建立受众增值服务体系，实现电视节目精准营销的系统化、精准化、高效化。最后，以《爸爸去哪儿》为例对其新一季的营销模式进行了设计。

6. 本文报告了对国外专业口译教学大规模调研的结果。调研对象为国际上的代表性口译院校，包括"国际会议口译员协会"（AIIC）认证院校、"欧洲会议口译硕士"（EMCI）加盟院校、口译课程语言组合中含汉语的知名院校等。调研内容为口译专业的办学方式、课程设置和教学内容。在分析调研结果的基础上，文章进而探讨了国外专业口译教学对我国翻译专业办学和教学的启示。

七、分析下列题目是否合适并说明理由。

1. 赏析《红楼梦》中的人物

2. 网络生活情况的调查

3. 关于大学生的消费

4. 走进物联网

5. 新媒体与电子商务

八、分组讨论下列问题，并将讨论后的结果记录下来。

1. 你以前写过什么论文题目？现在你觉得那个题目合适吗？为什么？

2. 你最感兴趣的专业课是什么？你想研究与这门专业课相关的什么问题？你想清楚用什么方法研究哪一方面的什么样的具体内容了吗？你打算怎么拟定这个题目？

第七讲　引言与引用

> **学习目标**
> 1. 学习引言在论文中的作用
> 2. 学习引言的写作方法
> 3. 掌握引用的常用形式

引言的内容和作用

引言在论文的开头，是正式研究之前的部分，又叫绪论、序言、前言、导论等，是一篇学术论文的开场白，用来说明为什么要写这篇论文，引导读者阅读和理解全文。

例1

浅析文化在国际关系中的作用

文化在国际关系领域并不是一个新的概念，它是国际关系中的一个传统变量。但是在世界现代化进程中，由于政治、经济、军事等因素在确定国家实力、制定对外战略及国际关系发展中占据了主导地位，所以文化因素易被忽略。冷战结束后，文化在国际政治中的地位不断提升，作用不断加强，甚至有时以一种放大的方式显示出来。文化一词也成为国际关系理论中频繁出现的概念。本文在确定了文化的概念及特征之后，具体从国家层面、国际层面和全球层面，探讨冷战结束以后文化在国际关系中的作用，并就中国如何在国际关系领域中运用自身的文化资源提出了一些初步想法。

（杨阳，《现代国际关系》2002年第4期）

　　引言部分主要介绍写作缘起和说明研究问题。研究缘起一般通过介绍研究背景来实现。研究背景包括研究某个问题的必要性即研究价值和这个问题的研究现状梳理分析。除了研究背景之外，引言部分还应该介绍将要进行研究的具体问题。

　　引言一般包括以下三部分：1. 说明研究问题和研究的意义（研究的重要性）；2. 描述研究现状及已有研究存在的问题；3. 简要介绍论文将要研究的具体问题。其中1和3是引言必须包含的部分。

　　如例1这个引言中，"文化在国际关系领域并不是一个新的概念，它是国际关系中的一个传统变量。但是在世界现代化进程中，由于政治、经济、军事等因素在确定国家实力、制定对外战略及国际关系发展中占据了主导地位，所以文化因素易被忽略。冷战结束后，文化在国际政治中的地位不断提升，作用不断加强，甚至有时以一种放大的方式显示出来。文化一词也成为国际关系理论中频繁出现的概念"，说明了研究的问题是"文化"，并说明了研究的重要性。

　　这段引言中包括了说明研究问题及研究价值、简要说明即将进行研究的具体问题两个部分。

　　引言中提出研究内容时，也可以举例说明研究主题，引导读者理解研究的内容。如例2：

例 2

中国网民网络暴力的动机与影响因素分析

　　我们生活在一个互联网无处不在的时代,以网络为基础的社交媒体平台是我们生活中必不可少的成分。网络和基于网络的新媒体如何影响我们的心理和行为,是摆在心理学研究者面前的一个重大课题。电影《搜索》中女主人公叶蓝秋的遭遇,就真实地说明了网络暴力的危害:一名花季少女,有令人羡慕的美貌和体面的工作,可是因为坐公交车时说的一句气话而招来"小三"等污名,并因此而遭到人肉搜索,最后无处可逃而选择自杀。与现实中的暴力相比,网络暴力的参与者范围更广,影响更大。生活中小小的事件,可能因为网络媒体的传播而引发大的暴力性事件。从 2007 年的南京彭宇案,到 2011 年的郭美美事件,一直到最近的聂树斌案重审事件,网络暴力在这些事件的发展过程中起了最直接的推波助澜作用。本文以网络暴力为主题,分析了网络暴力的动机和影响因素等问题,这些分析不仅对网络的良性运作和网民的健康发展有利,而且也有利于对网络暴力事件的预防和监管,最终促进社会的安定和谐。

　　(侯玉波、李昕琳,《北京大学学报(哲学社会科学版)》2017 年第 1 期)

　　这个引言中举例说明了什么是"网络暴力",作者还通过具体案例说明了网络暴力的作用,让读者直观地理解了"网络暴力"这个概念所包含的具体内容。在引言的最后,作者简要说明了论文的研究问题:"本文以网络暴力为主题,分析了网络暴力的动机和影响因素等问题",并说明了研究意义:"这些分析不仅对网络的良性运作和网民的健康发展有利,而且也有利于对网络暴力事件的预防和监管,最终促进社会的安定和谐。"

这个引言包括以下三个内容:

1. 通过具体事例,说明研究主题。
2. 说明这个问题很重要,需要研究。
3. 说明拟研究的具体内容是什么,目的是什么。

例3

青年农民工"闪婚"现象的动因探析
——以皖北 Y 村为个案的研究

闪婚这一社会现象的提及多散见于报刊杂志,系统的学术研究和著述尚未可见。黄火明从社会结构变迁的视角阐释了闪婚(黄火明,2007),张杰述及了大学生闪婚现象及大学生这一群体与其家庭关系的纠结(张杰,2008),李银河以文化的视角透视闪婚这一现象(李银河,2005)。以上研究更多的是从宏观层面切入闪婚这一现象,而较少关注个体生活本身,且其指向都是都市白领或大学毕业生而非青年农民工。一些学者从结构主义的视角审视了农民工闪婚现象(裴斐、陈健,2008;贺飞,2007),同样是从宏观的视角关注农民工闪婚这一现象,并未将其浸于研究对象所建构和体验的现实生活场景之中去解读。

到底是什么动因引发了青年农民工的婚恋由传统婚姻向闪婚的转变?闪婚这一农民工群体中存在的社会现象有何深刻的社会影响?笔者试图透过对皖北 Y 村的深入调查,把现象还原于其应生场景之中,从研究主体浸于其中的真实的生活情境去窥探他们的心理和真实体验从而关注事件本身,并希图从纵向的历史的角度来探究闪婚这一社会现象背后的动因和运作机制,同时关注结构和人这两个因素,进而对以上问题进行探析和解答。

(施磊磊,《青年研究》2008年第12期)

例3的引言中介绍了闪婚现象的已有研究,指出已有研究中存在的不足是研究对象没有涉及农民工闪婚问题:"以上研究更多的是从宏观层面切入闪婚这一现象,而较少关注个体生活本身,且其指向都是都市白领或大学毕业生而非青年农民工"。已有研究存在的另外的不足是研究视角问题:"同样是从宏观的视角关注农民工闪婚这一现象,但并未将其浸于研究对象所建构和体验的现实生活场景之中去解读",已有研究的研究角度主要是宏观的。针对这些不足,作者说明了论文的研究主题:结合农民工实际生活情景,具体研究分析皖北地区农村闪婚的动因。

例3和例1、例2不同,研究背景部分主要概括了已有的研究现状,说明这些目前关于闪婚的研究还存在不足,针对这些不足,提出拟进行研究的具体问题,突出了拟进行的研究的创新性。

引言的写作

引言位于论文的开头,在开头段落,一个常见的写作方法是对研究主题进行解释说明,如果题目中包含专业术语,就可以对这个术语进行说明、解释。

一般来说论文题目标示了论文研究的主要内容,包含专业性的词语,作为论文开头部分的引言,可以从题目中关键的词语开始进行写作。如下面的例4:

例 4

对外汉语写作教学研究述评

对外汉语写作教学较之其他技能的教学,研究基础薄弱,成熟教材与相关研究数量较少。随着对外汉语教学学科的发展,这一领域逐渐受到关注,教学研究也取得了一定进展。本文拟对 20 世纪 80 年代以来的对外汉语写作教学研究成果进行梳理,从目标定位、理念方法、课堂教学、语篇指导等方面,分别进行介绍与评述。在此基础上,针对写作教学研究领域的主要问题及研究方向进行探讨,以期为对外汉语写作教学研究的进一步发展提供一些参考。

(罗青松,《语言教学与研究》2011 年第 3 期)

这个引言的开头是"对外汉语写作教学",和题目中的主要词语是一致的。

有时论文题目中包含专业性的术语,论文的开头就可以对这个专业术语进行解释说明。如例 5:

例 5

微信辅助田野调查方法课程教学及实践研究

田野调查亦即田野工作(field work),是研究者进入目标研究文化群体,对该目标研究文化群体及其文化进行调查和研究的工作。其特征是研究者长期与被研究者居住在一起,观察当地的生活,研究其社会结构等文化现象,了解当地人的思想观念等,通过"田野调查现场"获得相关资料,以达到研究者的工作需要。田野调查法作为一种重要的研究方法，被广泛应用于人类学、民族学、社会学等研究领域。田野调查方法课程教学及实践也因此具有较强的实践性，学习田野调查方法理论的同时必须付诸实践，并在理论学习与实践互动中，不断提升田野调查方法的应用。然而，通常的田野调查方法课程教学及实践活动中，课程教学远离"田野"，教师与学生往往无法在课堂中获得"田野调查现场感"，而田野实践时间又非常有限，进而影响了教学效果。

（郭志合，《南京工业职业技术学院学报》2017 年第 2 期）

引言开头的第一句话就是解释"田野调查"这个术语，让读者尽快了解论文的研究主题，引导读者认同研究者的论述。

有的论文题目中包含两个或以上的关键词语，都是论文的主要内容，引言会从解释说明这些词语开始。如例 6：

例 6

微信平台上的女大学生自我互动与人际交往研究

2011 年初，国内最大的互联网运营商腾讯公司推出<u>微信</u>至今，经过不到 6 年时间的发展，已让微信成为当下最重要的社交工具。调查显示，微信在中国大陆的市场渗透率达 93%，截至 2017 年 5 月，微信在全球拥有 9.38 亿的活跃用户，可以说，微信已经催生了"微时代"的到来。调查数据显示，微信主要用户群体是 18～35 岁的年轻人，也就是<u>当代大学生</u>，男女用户比例为 1.8：1，男性用户数量接近于女性用户的二倍，但笔者调查结果显示，在微信朋友圈中，<u>女性</u>通过自我互动促进人际交往的现象似乎比男性更广泛。问题由此产生，在通过自我互动促进人际交往方面,微信女性用户是否真的比男性用户更活跃?女性用户在朋友圈内的人际互动目的是什么?朋友圈的互动是否加深了人际交往?笔者将通过问卷调查法、访谈法进行定量、定性分析。

(王红娜、孙祎、汪丽聪,《江汉学术》2018年第3期)

从论文题目上看,这篇论文研究的主要内容是微信用户、女大学生,在引言写作时,就是围绕微信平台介绍、微信用户中大学生(尤其是其中的女大学生)是主力这两个方面入手的。

例7

留学生本科毕业论文写作课教学模式探讨

来华留学生汉语言专业本科教育的基本目标之一是培养适合国际社会需要的、具有良好综合素质的实用型高级国际汉语人才,其中,能够进行基本的中文信息处理和检索,以及一定的科学研究能力是衡量留学生科学素养的重要依据(李泉、段红梅,2010),同时加强包括学术研究基本方法指导等方面在内的通识教育也有助于培养学生良好的综合素质(吴中伟、胡文华,2015)。由此看来,毕业论文写作与答辩无疑是对学生这种综合能力进行考查的有效方式之一。然而,目前国内多数高校在面向来华留学生的汉语言专业的课程设置上偏重语言训练,知识性课程所占比例很小(陈绂,2015),而这部分课程对于学生的毕业论文写作和科学素养的培养至关重要,这无疑给留学生本科毕业论文写作和教师的指导工作带来了困难与挑战。

(郭涵宁,《国际汉语教学研究》2016年第4期)

例 7 论文题目是"留学生本科毕业论文写作课教学模式探讨",包含了三个关键词语:本科留学生、毕业论文写作、教学模式。引言就是围绕这三个关键词展开的,首先说明了留学生本科生的教育目标包括科研能力,科研能力就包括了学术论文的写作;之后讨论毕业论文的教学问题,指出学术论文的教学存在一定的问题。

以上四篇引言都是围绕着题目中包含的表示主要研究内容的词语开始写作的。我们在写作论文引言时,也可以直接使用题目中包含的关键词语,从对这个词语的解释、说明开始。

也有的引言在写作时选择的不是和题目中完全一致的词语,而是选择了一个更大范围的词语,解释题目中包含的关键性信息。如例 8:

例 8

大学生消费行为影响因素调查报告

人类的消费行为是社会进步与发展的基本前提。大学生在如今的消费群体中占了很大的比例,研究大学生消费行为的影响因素不仅对经济社会发展有深远的影响,而且对消费者自身素质的提高也有着重要的意义。

(葛飞虹、费江波,《北极光》2015 年第 11 期)

论文的题目表明要研究的主要内容是"大学生消费行为",在论文的开头使用了"人类的消费行为",使用了"大学生"的一个上位概念"人类",先说明人类消费行为在社会上的重要性,之后再说明其中的大学生消费行为。我们在写作引言时也可以从使用一个更大概念范围的词语开始。

例 9

大学生婚恋观现状调查分析

婚恋观是个体对于恋爱、婚姻相关问题的根本看法和基本态度,是人生观、价值观在婚恋问题上的具体体现,属于道德意识的范畴,给个体、他人和社会都会带来深刻的影响。从个体发展层面上来说,婚恋观直接决定了个体的恋爱择偶行为和婚姻生活质量。<u>大学生的婚恋观</u>是否正确,不仅关乎其现在的生活和情感情绪状态,还决定了未来的婚姻家庭生活是否幸福,对个体的影响会伴随一生。从社会层面来说,大学生肩负国家建设和民族复兴的重任,这一庞大的人群如何择偶、如何恋爱、怎样看待婚姻等问题,从某种程度上影响着社会的稳定和长远发展。然而,长期以来,在大学生思想政治教育研究与工作实践中,婚恋教育并未受到足够重视,有关大学生婚恋观的研究也很不充分。因此,研究当前大学生的婚恋观,探讨其特征和存在的问题,无论对于丰富相关研究,还是对于社会发展,或对大学生思想教育和大学生个体的健康成长,都具有重要的现实意义。

(魏晓娟,《青少年学刊》2020 年第 2 期)

例 9 的题目是"大学生婚恋观现状调查分析",表明研究的主要内容是大学生的婚恋观。引言是以"婚恋观"开始的,对"婚恋观"进行了解释,说明了婚恋观的重要性。接下来再解释"大学生的婚恋观",进一步说明大学生婚恋观的重要性。这样的引言写法就是从一个上位概念入手,进一步说明研究内容的内涵和重要性。

引言篇幅有限,表述要简明,简要说明本研究的主要思路、内容和意义即可,不必展开讨论。引言的写作应该注意以下三点:

1. 语言简洁，开门见山，不绕弯子。介绍研究背景、说明研究的主要意义时，避免大篇幅讲述历史渊源、罗列材料。

2. 要用自己的话概括研究现状、存在的难点和不足，从而引出本文研究的主题。突出重点，不过多叙述同行熟知及教科书中的常识性内容。

3. 实事求是地说明本文的研究意义，注意分寸，切忌使用"有很高的学术价值、填补空白、首次发现"等词语，也不要说"才疏学浅、水平有限、恳求指教"之类无意义的客套话。

引言的内容不应与摘要、结论雷同，也不是摘要的注释。

引言一般应与结论呼应，在引言中提出的问题，在结论中应予以解答。引言是课题研究的必要说明，重点写选题的缘由、立题的依据、待解决的问题等。

摘要是论文的缩影，要高度概括论文的各个部分如目的、方法、结果和结论等，重点是结果和结论，读者不阅读全文也能获得论文的主要信息。

从结构上来说，摘要是独立于文章的部分，是一篇完整的短文。而引言则不同，它是论文的开头部分，没有引言，文章结构就不完整，论文的展开就会显得突然、生硬，就不可能是一篇构思严谨、表达缜密的文章。

毕业论文的引言应包括以下部分：提出选题缘由，即说明是如何发现这个题目的，为什么选择这个题目；说明前人研究的现状以及存在的问题；说明研究方法、研究价值及研究意义；介绍论文的整体结构。

引言中的引用

引言中常常会引用前人的文献,目的是说明这个研究内容的相关研究现状,证明这个研究内容的重要性,在已有研究和自己要做的研究之间建立连接,形成学术网络。

引用的类型

从形式上看,引用有直接引用和间接引用两种形式。

(1)直接引用

直接引用是引用前人论文中的原话,要在引用的前人原话上加双引号。如下面引言中的引用:张博(2017)指出"词语混淆是具有普遍性、严重性和持久性的第二语言词汇错误"。

例 10

基于型式搭配视角的高频易混淆抽象名词辨析研究

学界对易混淆词有了广泛的基础性研究,如张博(2007)厘清同义词、近义词、易混淆词等重要概念,强调应该从中介语视角更有针对性地进行易混淆词辨析。张博(2008a、2008b、2013)对易混淆词研究的学理、测查方法、易混淆点、辨析要领、词典编排原则与体例等方面进行了系统论述。萧频(2008)对印尼学习者中介语易混淆词进行了尝试性研究,筛选出346组易混淆词。付娜、申旼京(2010)提出辨析易混淆词时构组的原则和方案。苏英霞(2010)从语义、语法、语用三个层面归纳出虚词本身的语法意义、与之共现成分的语义语法特征等8个辨析的基本视角。<u>张博(2017)指出"词语混淆是具有普遍性、严重性和持久性的第二语言词汇错误"</u>。

(方清明,《语言教学与研究》2020年第4期)

要注意一般直接引用不能太长，引用的主要是结论性的内容或者是作者的重要观点，也可以是专业术语的权威性定义等，避免引用常识性知识。

（2）间接引用

间接引用是在保留文献作者原意的前提下，将文献内容用不同于原文的语句介绍出来。

间接引用的形式使用得更多，如下边引言中的引用，采用的都是间接引用的方式：

① 黄火明从社会结构变迁的视角阐释了闪婚（黄火明，2007）。

② 张杰述及了大学生闪婚现象及大学生这一群体与其家庭关系的纠结（张杰，2008）。

③ 张博（2008a、2008b、2013）对易混淆词研究的学理、测查方法、易混淆点、辨析要领、词典编排原则与体例等方面进行了系统论述。

④ 萧频（2008）对印尼学习者中介语易混淆词进行了尝试性研究，筛选出346组易混淆词。

⑤ 付娜、申旼京（2010）提出辨析易混淆词时构组的原则和方案。

⑥ 苏英霞（2010）从语义、语法、语用三个层面归纳出虚词本身的语法意义、与之共现成分的语义语法特征等8个辨析的基本视角。

⑦ 一些学者从结构主义的视角审视了农民工闪婚现象（裴斐、陈健，2008；贺飞，2007）。

⑧ 同时加强包括学术研究基本方法指导等方面在内的通识教育也有助于培养学生良好的综合素质（吴中伟、胡文华，2015）。

上边的引用都是间接引用，例①—⑥采用了"文献作者+动词"的形式，论文作者归纳了前人的研究视角或者研究内容。引用⑦⑧

和前边的引用不同,⑦的论文作者归纳了两篇前人的论文,提出两篇论文中的共同之处:都是从结构主义的视角研究了农民工闪婚现象;⑧引用的不是一个人的文献,而是多人的研究,研究者的名字放在引用后的括号里。

间接引用在引言中可以有很多不同的具体形式,如下面的引言中引文的后面都标了数字,数字对应了参考文献的中文文献序号:

例11

陪伴、爱情与家庭:青年农民工早婚现象研究

二是青年农民工早婚问题。主要集中于两个方面。其一是研究当代农民工的婚恋观念和价值取向。尹子文、周伟文、许传新等在探讨青年农民工家庭婚姻问题时指出,青年农民工的婚姻和家庭观念受到传统性与现代性的影响,在双重力量的作用下,青年农民工产生了不稳定的过渡型婚姻家庭观念[4][5][6]。此类研究发现,农村青年在外打工,社会关系以业缘为主,通婚圈扩大,他们自由结识、自由恋爱,受父母的影响逐渐变小[7];在择偶和选择恋爱对象时,越来越注重对方性格、人品,而对地域的考虑逐渐变少[8]。其二是在打工浪潮这个特殊背景影响下衍生的新型婚姻模式,即闪婚和跨省婚姻。例如许荣漫和贾志科认为,闪婚具有夫妻双方都为外出打工青年、结婚时间聚集在春节期间、婚后夫妻结伴外出务工的特征,体现了农村通婚圈内缩现象[9];裴斐、陈健从社会结构的视角探讨"闪婚",认为闪婚是社会转型背景下的一种后城乡二元结构[10];也有学者认为闪婚是文化变迁下的产物,是父权衰落与子辈权利意识兴起的彰显[11]。宋月萍等在对跨省婚姻的研究中指出,青年农民工跨省婚姻比例不断上升,地理通婚圈逐步扩展[12];宋丽娜则认为跨省婚姻也有其自身的特点和发生机制，跨省婚姻不仅形式简单，且结婚成本低[13]。刘利鸽、靳小怡在社会网络视角下探析中国农村成年男性初婚风险的影响因素时指出，27岁以上仍未结婚的农村男性是婚姻市场上的弱势群体[14]。所以，对于在外流动的青年农民工，如果可以带"外地媳妇"回家，早婚就是一种"双赢"选择。

参考文献：

[4] 尹子文. 第二代农民工婚姻家庭问题探析[J]. 中国农村观察，2010（3）：13-16.

[5] 周伟文，侯建华. 新生代农民工阶层：城市化与婚姻的双重困境——S市新生代农民工婚姻状况调查分析[J]. 社会科学论坛，2010（18）：151-155.

[6] 许传新，高红莉. 徘徊于传统与现代之间：新生代农民工婚姻家庭观研究[J]. 理论导刊，2014（3）：73-75.

[7] 王超恩. 青年农民工婚恋问题研究[J]. 当代青年研究，2013（2）：117-122.

[8] 曹锐. 青年农民工婚恋模式初探[J]. 南方人口，2010（5）：53-59.

[9] 许荣漫，贾志科. 青年农民工的"闪婚"现象研究——以豫西南M村的个案为例[J]. 社会科学论坛，2010（19）：180-191.

[10] 裴斐，陈健. 农民工"闪婚"——后城乡二元结构中的挣扎[J]. 齐齐哈尔大学学报（哲学社会科学版），2008（4）：73-75.

[11] 党春艳. 青年农民工春节返乡"闪婚"的行为逻辑分析——基于豫西南D村的个案研究[J]. 当代青年研究，2012（1）：28-31.

[12] 宋月萍，张龙龙，段成荣. 传统、冲击与嬗变——新生代农民工婚育行为探析[J]. 人口与经济，2012（6）：003.

[13] 宋丽娜. 打工青年跨省婚姻研究 [J]. 中国青年研究，2010（1）：64-68.

[14] 刘利鸽，靳小怡. 社会网络视角下中国农村成年男性初婚风险的影响因素分析 [J]. 人口学刊，2011（2）：21-30.

（刘成斌、童芬燕，《中国青年研究》2016年第6期）

间接引用中常见的语言形式有：
(1) 作者姓名＋指出、认为、提出、述及
(2) 作者姓名＋发现、研究、讨论、探讨、阐释、审视、归纳
(3) 作者姓名＋对……进行了研究/论述
(4) 引用的内容＋（文献的作者＋发表时间）

有的间接引用在论文的叙述中不出现研究者的名字，而是把研究者及论文发表的年份放在括号里，如：将平易语言的判定标准从以写作者为中心转向以读者中心是当前业界的共识（Garwood 2014）。

引用时将文献作者的名字放在叙述中有强调作者的意味，如果把引用的文献的作者（有时候是多个文献的作者并列）放在句末，是为了突出引用的内容。

很多论文会引用一些数据，数据或来源于前人研究文献，或来源于某个数据库或者网络，也是一种引用，如：

例 12

调查显示，微信在中国大陆的市场渗透率达 93%，截至 2017 年 5 月，微信在全球拥有 9.38 亿的活跃用户[1]。

[1] 个人图书馆.微信（腾讯公司的通讯服务应用程序）——搜狗百

科 [EB/OL].（2017-09-02）[2017-10-28]. http://www.360doc.com/content/17/0902/20/38875254_684193449.shtml.

（王红娜、孙祎、汪丽聪，《微信平台上的女大学生自我互动与人际交往研究》，《江汉学术》2018 年第 3 期）

例 13

近些年来，随着中国综合实力的不断提升，来华留学生人数逐年上升。"从教育部获悉，2017 年共有 48.92 万名外国留学生在我国高等院校学习，规模增速连续两年保持在 10% 以上，其中学历生 24.15 万人，占总数的 49.38%，同比增幅 15.04%。"[1]（P140）

[1] 我国已是亚洲最大留学目的国 [J]. 教育文化论坛，2018，(2).

（刘冬雪，《留学生本科毕业论文写作课教学现状研究》，《现代语文》2020 年第 3 期）

例 12 中引用的数据源于网络，例 13 中引用的数据来源于另一篇文献。

特别要注意的是无论采用哪种引用形式，都要标明是来自其他文献，要写明出处，要让读者清楚这不是你自己的观点，这是论文写作的规范性问题。

下面是李欣童《浅谈台湾奶茶文化的三十年变迁》一文中的一部分：

例 14

从单品类到多品种，粉末到奶盖茶，泡沫红茶店到现在的空间美学的概念店，它在不断更迭、不断升级。它是一个时代的符号，而当下正处于一个革新的时代，一杯奶茶的价值不仅仅靠"口感"来满足，更多的是一种消费体验，包括对空间、年轻、时尚、新鲜、轻奢以及身份认同的追求。

（李欣童，《传播力研究》2020 年第 14 期）

如果我们在自己的论文中打算引用李欣童这篇论文中的观点，可以采用直接引用或间接引用的方式：

直接引用

李欣童（2020）指出（或提出、认为）："一杯奶茶的价值不仅仅靠'口感'来满足，更多的是一种消费体验，包括对空间、年轻、时尚、新鲜、轻奢以及身份认同的追求。"

间接引用

（1）李欣童（2020）考察了奶茶的时代变迁，认为到目前这一阶段奶茶的价值已经不只是一种饮料，也代表了一种消费体验。

（2）研究者从奶茶发展变化的视角，提出奶茶已经成为一种符号，蕴含了人们对年轻、时尚的追求。（李欣童，2020）

▎常见问题例释

一、研究背景中提到的研究主题与论文拟研究的问题不完全对应。引言首先要说明研究的背景，明确研究主题的范围，并说明研究这一问题的意义和必要性，主要是用来说明为什么这个问题需要进行研究，之后介绍这篇论文的具体研究问题。引言写作中常出现的问题之一是在研究背景部分提出的需要进行研究的某一主题与之后说明的论文拟研究的具体问题不一致，出现偏离。

例 1

华语电影在美国的传播现象与可行性分析

从发明到现在,电影给社会带来了深刻的影响。当电影第一次被观众观赏时,整个社会被震惊了,而随着科技的发展,电影也跟随着发展,带给观众越来越真实、深刻、完整的作品。然而,当电影普及了,能够燃起观众的好奇心和得到观众赞赏的电影也就越来越难做了。观众不只想看一部电影所用到的新鲜技术,也会更加重视电影所描述的故事,因为正是故事能够体现出电影创作的背景与启示,反映出当时的社会与文化。

随着好莱坞的发展,美国成为世界上最领先的电影创作者和销售者。美国好莱坞电影的传播深刻地影响了全世界,而进入美国的外国电影却一直很难得到重视。华语电影就是一个典型的例子:在中国,有很多电影受到大量好评,然而到了美国却反响平平。本文通过研究华语电影的失败与成功来分析怎样才能让华语电影在美国受到热烈欢迎,让更多人理解中国文化的各种特殊风格。

例 1 这个引言的第一段主要说明了随着电影的发展,观众对电影的要求越来越高,制作出一部观众认可的好电影越来越难。观众也开始重视电影里所描述的故事,电影故事体现了电影的创作背景,也反映了社会与文化。这一段谈论的主题是电影中的故事很重要,应该进行研究。而引言的第二段介绍了另外一个情况,即外国电影很难打进美国市场,包括一些优秀的华语电影,之后提出这篇论文要研究的具体问题是结合具体案例分析华语电影如何能在美国受到欢迎。论文的题目"华语电影在美国的传播现象与可行性分析"也反映出论文的主要研究问题是华语电影在美国的传播问题。这与第一段提出的研究主题关联较小。第二段中的研究背景介绍部分指出目前存在的问题是华语电影很难进入美国市场，这与论文拟研究的具体问题较为相关。可以删减引言第一段的内容。

例2

大学生专业选择的影响因素分析

对于学生而言，专业选择绝对不容小觑。因为它不仅决定着大学生未来四年的大学生活，甚至决定他们一生的命运。虽然大部分学生选择专业时都非常慎重，但是因为涉及的因素较为复杂，所选择的专业仍充满着不确定性，学生也为此而忧虑。大学生专业选择失败的情况依旧存在，导致学生学习的积极性下降、对未来感到迷茫等现象发生。到了转专业启动时，便会有不少人备考，参加转专业的考试，希望通过这个途径改变专业，弥补专业选择失败所带来的损失。

近十年来，有关大学生专业选择的影响因素及如何改善对不同专业的偏见已有不少研究成果，如郝盼盼（2014）指出，"家庭职业背景较好的希望通过专业选择让子女延续自己较好的职业"。已有研究的发现仍适用于现在，然而随着社会各方面的进步，对于人才需求等外部因素还没有进行更深入的探讨。因此，本文将采用问卷调查的方法，调查大学一年级新生，从专业选择的外部因素即社会对于人才的需求方面来探究大学生专业选择的趋势。

例2引言中的第一段介绍了专业选择对大学生的影响较大，学生在选择专业时大多较为慎重，但是进入专业学习以后，发现专业不合适、专业选择失败的学生也为数不少，导致了学习积极性下降和对未来感到迷惘，研究的主题集中在大学生专业选择失败这一现象。第二段介绍了大学生专业选择的影响因素的相关研究，发现专业选择也会受到社会人才需求的影响，但这一因素还没有受到研究者的重视，进而提出论文拟通过问卷调查研究影响大学生专业选择的外部影响因素。第一段说明了存在大学生专业选择失败的现象，对大学生影响较大，第二段要探讨大学生专业选择的影响因素，这两个问题看似相关，但存在着较大的偏离。大学生专业选择失败，应该探讨其原因，分析在选择专业时受哪些因素影响，从中找出规律，调查对象应该是专业选择失败的学生。第二段的调查对象包括专业选择失败的学生，也包括专业选择成功的学生，调查结果只能反映出大学生专业选择的影响因素，并不能解释专业选择失败的问题。

建议简化第一段内容，只提专业选择对大学生来说十分重要，是一个值得研究的问题，用来凸显"大学生专业选择的影响因素分析"这一研究的价值。

二、引言对研究背景介绍得非常详细，篇幅过长，问题介绍较为详细，但没有聚焦于一个研究主题，也没有凸显研究的价值和必要性。对论文拟进行的具体研究介绍较少，且比较空泛，存在大而空的情况。

例3

韩国的人口问题研究和对应措施

从1981年起韩国的经济进入快速发展阶段，世界排名从第37位提升到第10位。可是韩国的人口数量却与经济相反，出现了明显的下降。这种现象往往出现在发达国家，教育费用和住房费用的提高、性别矛盾深化等，导致青年人产生不结婚、不生育的思想。人口老龄化给韩国带来了很多负面影响。劳动力减少，青年人的负担变大，保险体系也随着老龄化慢慢开始崩溃，青年人和老年人之间的矛盾也开始出现并不断加深。为了解决韩国的人口问题，韩国政府出台了很多相关的政策。可是，很多政策实际上并没有奏效。本文将全面介绍韩国人口问题的现状，分析人口问题出现的原因以及它带来的影响，在此基础上探讨解决人口问题的有效办法。

例3研究背景部分写了韩国的人口问题、人口问题出现的原因、由此带来的影响，还介绍了韩国政府的人口问题对策以及对策的实施效果，介绍得较为详细，但没有说明需要进行研究的主题，也没有体现出研究的价值和必要性，唯一的问题可能在于分析韩国的人口应对策略为什么效果不好这一方面。引言最后提出了论文拟进行的研究是"本文将全面介绍韩国人口问题的现状，分析人口问题出现的原因以及它带来的影响，在此基础上探讨解决人口问题的有效办法"，这些内容与引言开头介绍的韩国人口问题、产生的原因、带来的影响完全相同。引言也没有说明目前的研究现状，没有说明创新之处，因此很难看出继续研究的必要。拟进行的研究中只有"探讨解决人口问题的有效办法"是一个新问题，但这种提法也过于空泛，没有交代如何进行研究，是基于已有文献还是基于量化数据进行研究。

可以聚焦研究问题，集中在人口应对策略的实施的考察分析上，修改为：

韩国目前存在的人口问题主要是出生率降低和人口老龄化严重，这一问题给社会各方面带来了严重的影响，目前政府也出台了一系列的人口问题应对政策，但是效果甚微。根据实施效果，对解决人口问题的对策进行反思并进行积极调整是迫在眉睫的问题。本文基于已有的人口对策的相关研究，对解决人口问题的策略进行梳理，分析人口应对策略的实施情况，为人口应对策略的制定、完善提供参考。

三、引用不规范，如引用缺少出处、使用的语言不规范等。另外，所引用的内容与拟进行的研究关联性不强。

例 4

在近现代电影发展史中，香港电影曾因其强大的竞争力与影响力，以"东方好莱坞"的盛名冲出亚洲，享誉全球。其庞大的、远超自身体量的娱乐产业更是推动了香港电影的高速发展，使香港电影得以冲出国门，在许多国家、地区获得广泛传播。放眼海外，由于马来西亚人口中有二成为华裔，这些华裔人口祖籍多为广东、广西、福建一带，是除新加坡以外海外华裔比例最高的国家，相较于海外其他国家、地区，中文传播与传媒产业亦相对成熟，因此马来西亚也就成了香港电影走向世界的主要海外市场之一，香港电影也进而在各个方面，如电影题材、内容、内涵等，对马来西亚电影的发展产生了深远的影响。虽然学界有不少学者已对香港电影的发展做出了探讨和分析，然而，有关香港电影在马来西亚的传播概况及其对马来西亚电影产业的影响的研究却相对缺乏。本文旨在通过对比香港电影与马来西亚电影，对香港电影在马来西亚的传播及其对马来西亚电影产业的影响做深入的分析与阐释。

例 4 中，在对研究现状进行综述时提到现有研究的不足："虽然学界有不少学者已对香港电影的发展做出了探讨和分析"，但没有说明具体的研究者和研究的时间，所以后边应该加上出处："虽然学界有不少学者已对香港电影的发展做出了探讨和分析（张三，2019；李四，2022）"。

例 5

后疫情时代留学生的心理状态变化
——基于北京大学留学生心理状况的调查

据中华人民共和国教育部的数据，2018年共有来自196个国家和地区的492,185名各类外国留学人员在中国1004所高等院校学习。由于疫情原因，2020年至2022年在中国高等学校参加网课的留学生返校之后面临的一个问题是适应线下教学。在适应线下课程的过程中，学生的心理状态发生了较大变化。麦灵格尔提出"心理健康"是指人们能够迅速适应新的环境和新的人际关系，并且处于愉悦的状态。朱莲花等（2019）提出课堂环境会对学生的学习成绩有直接影响，学习方式对学习成绩会产生间接影响。目前的研究主要集中在对疫情之前中国学生的心理状况的研究，对后疫情时代留学生心理状况的研究力度还远远不够。我们采用问卷调查、访谈等方法对北京大学留学生进行研究。本文将基于学生的调查数据，探讨留学生返校之后在学习、社交、生活方面的情况。

例5中"麦灵格尔提出'心理健康'是指人们能够迅速适应新的环境和新的人际关系，并且处于愉悦的状态"引用的写法不规范，可以修改为：

①麦灵格尔（年份）指出"心理健康"是指人们能够迅速适应新的环境和新的人际关系，并且处于愉悦的状态。

②麦灵格尔（年份）认为"心理健康"是指人们能够迅速适应新的环境和新的人际关系，并且处于愉悦的状态。

③"心理健康"是指人们能够迅速适应新的环境和新的人际关系，并且处于愉悦的状态（麦灵格尔，年份）。

另外也有的引用与论文拟研究的问题关系不大，如例 5 中引用"朱莲花等（2019）提出课堂环境会对学生的学习成绩有直接影响，学习方式对学习成绩会产生间接影响"。论文拟研究留学生心理状态的变化，但引文说的是课堂环境和学习方式对学习成绩的影响，主要是学习效果问题，不涉及学生的心理问题。

四、缺少具体的研究问题。

如例 5，从题目看是讨论进入后疫情时代后上过两年网课的学生如何适应线下上课，在适应的过程中心理会发生哪些改变。例 5 的引言较为清晰地确定了研究主题，也简要地说明了已有研究的情况，指出已有研究对后疫情时代留学生的心理状况研究不足，凸显出拟进行的研究具有价值，但并没有说明拟进行的研究的具体内容，即具体研究问题。引言的最后一部分"我们采用问卷调查、访谈等方法对北京大学留学生进行研究。本文将基于学生的调查数据，探讨留学生返校之后在学习、社交、生活方面的情况"，只是说明了要采用问卷调查的方法，了解学生回到学校以后的学习、生活情况，并没有提出与学生的心理状况相关的具体研究问题。论文拟研究的是留学生恢复线下学习以后产生的心理状态的变化，不是学习、生活、社交状态，因此在引言中应该对心理状态的具体内容进行说明，说明要探讨哪些心理状态，比如面对面的授课环境、小组讨论等是否促进学习兴趣、学习动力的增加，是否增加了竞争的压力等。

∷ 练习 ∷

一、引言一般包括哪些内容？

二、引言和摘要在内容和功能上有什么不同？

三、按照是否直接使用论文作者的原话，引用分为哪两种？

四、间接引用中常见的语言形式有哪四种？

五、下面是一篇论文的引言部分，说说这篇引言包括了哪些主要内容。

商品品牌译名分析

改革开放以来，中国大陆出现了许多带有外文品牌或外文名称的商品。这些商品可以分为两大类。第一类是国外进口的商品，第二类是大陆或台湾、香港生产的商品，为了出口，需要外文品牌和外文名称。后一类又可以分为两小类。第一小类是先在国内、区内销售，已有中文品牌和名称，后来为了出口的需要，把中文翻译成外文。第二小类是先定好外文品牌和名称，然后翻译成中文。本文所要讨论的译名，指第一大类，即国外进口商品的译名，和第二大类里的第二小类，即先有外文品牌和名称，然后据此翻译出中文名。译名一般分为两种。一种是品牌名，即商标的语言和文字显示；一种是商品名，即某类商品的具体名称。如，Total Fortified Milk Drink（多多营养助长奶品）是商品名，而 Heinz（亨氏）是品牌名。一般说来，多种商品名往往具有同一品牌名，即具有同一商标的商品可能有许多种。如甜麦圈是商品名，它的品牌名也是亨氏。一般说来，品牌名需要比较认真地进行全文翻译，而商品名只是头一两个词的翻译比较讲究，如 Total 翻译成"多多"，后边的词大多按意思照翻。本文主要讨论近十多年来在大陆出现的商品和品牌译名，包括译名采用的主要方式、译名的一些特点，以及译名的发展趋势。（周小兵，《语文建设》1994年第2期）

这篇引言包括两个方面的内容：
(1)

(2)

六、给下面的句子排序。

（   ）国际关系学者认为历史学家的研究只不过是对支离破碎的过往事件进行排列和组合，历史研究缺乏概念和理论。

（   ）除了两个领域中大师级的学者之外，很少有国际关系和历史学的研究者能够认识并尊重对方领域的研究价值。

（   ）国际关系和历史学两个领域的学者之间存在着理解上的鸿沟。

（   ）而历史学家则指责国际关系的研究者历史基础薄弱，往往为理论而理论，甚至为了构建理论不惜歪曲历史事实，一些国际关系理论经不起历史事实的检验，没有实际意义。

（   ）因此，很有必要理清两个研究领域的联系与区分，总结双方关系的现状与问题，进而寻找两个领域跨学科交流的途径。

七、下面是《大学生恋爱冲突的影响因素及其教育对策》这篇论文中的一部分，作者是王继新、王菲，2022年发表于《山西高等学校社会科学学报》。如果你的论文想要引用这部分内容，请你采用合适的形式，选择其中合适的内容，分别写出直接引用和间接引用两种形式的引文。

理想化亲密关系的建立是基于双方互相有好感、互相爱慕的基础之上，但就目前的社会现状来看，大学生选择恋爱的原因错综复杂，或是因为对方对自己的猛烈追求一时被感动，于是迅速陷入爱河；或是因为中学时期学校"早恋"的持续抑制并缺乏疏导，导致他们渴望立即释放压抑的情绪，于是刚刚步入大学便急于"脱单"，随意展开一段恋情；或是因为刚刚和恋人分手，为了忘记前任、缓解情伤，便快速投入到一段新的恋情中；或是因为身边好友们都谈起了恋爱，自己深感孤单寂寞，便迅速找个恋人来缓解这种心理……但是任何一段健康的恋爱关系都必须建立在一定的感情基础之上，如若感情中混入了太多的杂质，那么出现恋爱冲突便是不可避免的。

直接引用：

间接引用：

八、请修改下列语句中画线部分在语言表达上的不当之处。

1. 此外，奢侈品的市场也随着时代的发展产生了变化。据《2019奢侈品行业洞察》统计，中国18到34岁的消费者占到了消费群体的81.4%。（赵朝，2021）千禧一代是当前国内的奢侈品消费主力，而大学生则是现在千禧一代的主要代表之一。在校园里越来越多的大学生开始购买并穿戴奢侈品，因此本文将以此现象作为研究的主要方向。

在对此现象进行深入研究后，作者发现大部分的研究都是比较笼统的对大学生这一群体进行研究，并没有细分他们。但是大学生会随着大学生涯的发展而对社会的认知有更进一步的了解。这一因素将会对他们的消费态度产生影响。因此基于这一点，本文将研究不同年级大学生的奢侈品消费行为,并通过调查来分析大学生对奢侈品的消费欲望是否随着年龄、学龄和见识的增长而产生变化。

2. 而在其适应的过程中,学生的心理状态也发生巨大变化。<u>按麦灵格尔心理健康是指人们对于环境及相互间具有最高效率及快乐的适应情况。</u>

3. <u>人们与其在线下商店获取产品信息,更倾向于通过网络的去了解和比较不同的产品,并做出消费选择。</u>

九、请根据引言应包括的成分，对下面的引言进行改写。

大学生奢侈品消费价值观研究

　　大学生已逐渐成为中国最具消费潜能的核心消费群体之一。网购也已经成为大学生的主要消费方式。网购平台的界面总会出现各种促销与广告，通过网络营销的方式吸引消费者进行购物。同时，奢侈品市场的人群结构也在年轻化，奢侈品在校园里已经随处可见。这导致人们对这种消费行为的看法出现差异。有些人认为这是大学生对美和品位的追求，既展现了自己的经济实力，又能推动市场发展。然而，也有人担心这种消费行为可能是大学生的虚荣心作祟，导致消费观念扭曲，影响他们的未来发展。因此，通过研究网络购物、网络营销等与大学生奢侈品消费观之间的关系，可以得出其中的影响因素，并更好地了解大学生的消费心理，也能促进奢侈品网购市场的健康发展。

第八讲 论文的逻辑与连接

> **学习目标**
> 1. 了解如何增强论文的逻辑性和连贯性
> 2. 学习全文结构布局以及段落内部和段落之间连贯的写作方法

如何增强论文的逻辑性和连贯性?

在对论文的评语中有一条很重要的标准就是"逻辑性",要求概念明确,有理有据,论证充分,条理分明,思路通畅,表述连贯。那么在论文写作中,怎样才能做到前后文连贯,增强论文的逻辑性呢?

一、在论文框架提纲的构思和写作过程中,要始终贯串并突出论文主题,一条线贯串全文,纲举目张,首尾呼应。

论点、论据和论证是论文的三要素,论点就是一篇论文想要表达的主要观点,即主题。论文写作的目的就是要提出自己的论点,然后通过事实、数据等论据对论点进行论证。论据是根据论点选择的,论证是围绕论点展开的。增强论文的逻辑性,首先要明确目的,突出论点,全文内容都要紧紧围绕这个目的和中心思想,分层次分步骤进行布局。采用什么方法,选取哪些材料,如何开展讨论,都是为了达到这个目的,解答论文提出的研究问题。因此,在写作中要根据论证的需要,对所搜集的论据材料进行取舍,与主题无关或对于论证观点说服力不够强的材料要毫不吝惜地舍弃。如例1:

例1

中国网民网络暴力的动机与影响因素分析

(引言)

一、网络暴力的概念与国内外研究

二、网络暴力的动机分析

  一是道德审判。

  二是宣泄式的恶意攻击。

三、网络暴力的影响因素

  一是社会环境。

  二是网络环境。

  三是网民心理。

四、对网络暴力的研究视角及展望

  研究视角:

  第一个视角是从传播角度谈网络暴力的特点及传播特征。

  第二个视角是从法学和行政管理角度谈网络暴力的监管与治理。

  第三个视角是从社会学角度和心理学角度谈网络暴力的成因。

展望：

一是网络暴力的发酵机制研究。

二是对网络暴力参与者的心理进行系统研究。

三是网民的阶层意识对网络暴力的影响值得研究。

（侯玉波、李昕琳，《北京大学学报（哲学社会科学版）》2017年第1期）

这篇论文各章节的内容都是围绕着"网络暴力"这一核心主题进行安排的，在引言中说明写作缘由、研究问题和研究意义，然后第一章说明网络暴力的概念及国内外相关研究，第二章和第三章分别紧扣论文题目中的"网络暴力的动机与影响因素"这两个分论点进行阐述，最后提出有关网络暴力的新的研究视角并对这一主题的未来研究有所展望，逻辑很清晰。

二、要注意章节内容的上下位逻辑关系，做到层次分明。

论文的论点往往又分为中心论点和分论点。中心论点就是论文的主题，是最主要、最基本的观点。中心论点可以在论文开始就提出来，也可以在论证过程中或结尾提出来。中心论点确立后，为了从几个方面有逻辑地加以论证，往往需要每个方面再确立一个观点，并分别进行论证，这些观点就是分论点。分论点之间的先后排列顺序也体现了内在的逻辑性，要层次分明、严谨合理。如例2：

例 2

新冠疫情对儿童青少年心理健康的影响及应对建议

（引言）说明写作背景、研究内容及研究目的

综述新冠疫情对儿童青少年心理健康的可能影响及应对方式，讨论如何促进疫情后的心理复原。

1. 疫情对儿童青少年心理健康的影响

    1.1 疫情对正常儿童青少年的影响

    1.2 疫情对有心理问题或精神疾病的儿童青少年的影响

2. 采取有效应对方式帮助儿童青少年应对疫情

    正常儿童青少年：政府、父母

    有心理问题的儿童青少年：医疗服务、父母、学校和老师

3. 疫情后的心理复原

4. 结论

（刘佳佳、阚建宇、张安易、陆林，《科技导报》2021 年第 18 期）

这篇论文的中心论点是新冠疫情对儿童青少年心理健康的影响及应对建议，在第一章阐述疫情对儿童青少年心理健康的影响时，又将"儿童青少年"群体分为"正常儿童青少年"和"有心理问题或精神疾病的儿童青少年"这两类，分别论述疫情对这两类群体的影响，形成两个分论点。在第二章中，不仅分别针对两类儿童青少年提出应对方式，而且分段落论述了"政府""父母""社区"等应该如何帮助儿童青少年应对疫情。

再如例 3：

例 3

李渔的艺术管理与经营

一、李渔多方面的艺术实践及其成就

　　介绍明末清初诗人、小说家、戏剧家李渔在剧本创作、刻印书籍以及戏剧改编这三个领域的成就。

二、李渔艺术管理思想形成的背景

　　李渔作为布衣以卖文为生；明末商品经济繁荣对李渔的影响；李渔商人家庭的影响；明代戏曲的兴盛及家班普及。

三、李渔艺术管理的主要思想

　　（一）市场意识

　　（二）以文养文观念

　　（三）编导思想

　　（四）求异求新的经营之道

　　（五）编印导演组织一体化

　　（六）版权与广告意识

四、李渔艺术管理思想的评价

　　对文人经商的启发：在耻于言利的时代，李渔以文养文的思想具有突破意义。

　　对艺术面向观众的启发：李渔戏剧是为观众而写，是供舞台演出的，改变了元明戏曲是给文人看的文章这一观念。

　　（张春丽，《河南师范大学学报（哲学社会科学版）》2013 年第 5 期）

这篇论文的中心论点是"李渔的艺术管理思想",为了论证这一中心论点,论文在简要介绍了李渔的艺术成就后,从其艺术管理思想的形成背景、主要内容和评价三个部分分别进行阐述。而在每个部分中,又进一步细分为更具体的小论点,如第三章作为论文的主体,将李渔的艺术管理主要思想凝练为六个小的分论点,按照重要程度分别进行论证,这六个小论点合在一起就构成了李渔艺术管理思想的主要内容。

从这两个例子可以看到,上一级标题的内容包含了下一级标题的内容,不管是哪一层次的论述议题都始终与中心议题保持一致,构成一个清晰的逻辑链条。

在进行论文内容布局时,常用图 8-1 这样的结构来表示中心论点与分论点之间的逻辑关系:

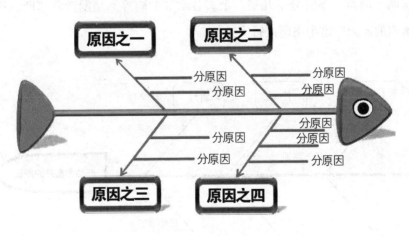

图 8-1 [①]

---

① 图片来源:http://k.sina.com.cn/article_5320574603_13d21868b00100chpc.html?cre=tianyi&mod=pcpager_fintoutiao&loc=10&r=9&doct=0&rfunc=77&tj=none&tr=9(访问日期:2023年10月31日)

如图所示,如果一篇论文的中心论点是分析某一现象产生的原因,这个原因再深入细致分析可能又有四个方面的原因,分别是原因之一、之二、之三、之四,而原因之一下面又可再细分为两个分原因。不管分几个层次,这些分原因作为分论点都是紧紧围绕着中心论点展开的,中心论点就好像鱼骨一样,是全文的核心,这个不能改变。在写论文提纲框架时,下一级标题应从属于上一级标题,同级标题之间是平行关系,小标题的内涵不能大于或者等于上一级标题或文章的题目。

再如图8-2所示,如果论文的主题是分析产品质量差的原因,那么就可以将这个原因分解为"人员""材料""技术""环境""管理""设备"这六个方面分别进行分析阐述,某个方面的原因可能还可以再细分,如"人员"方面的原因还可以细分为"工人疲劳"和"缺乏培训"这两个因素。不管分了几层,全文各章节的内容都是围绕着"产品质量差的原因"这个主题进行安排的。

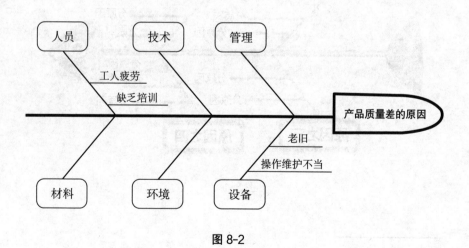

图 8-2

写论文一定要对论文框架进行构思布局，先简洁、尝试性地列出论文可能的写作内容，包括章节的大小标题及写作思路、主要论点、已有的重要材料（论据）、写作计划，拟定写作提纲，确定写作的层次和重点，便于铺排论点和论据，厘清整体和局部的逻辑关系，保证论文的内容逻辑合理、严谨，不跑题。拟定提纲的过程也是检验自己选题与思路、查漏补缺的过程，由略到详，反复思考，逐步修改完善。提纲拟写得越细致具体，对论文写作的指导作用就越大。如果没有提纲，在论文写作中途发现问题再进行修改，就会浪费很多时间。

三、在论证过程中，要有理有据，对论点进行客观论证，避免空泛的主观议论，同时注意论据和论点之间的联系，论据一定要有说服力，和论点具有一致性。

说话没有逻辑的人一般只是用自己的主观感受跟别人交流，空谈感受，表述方式常常表现为："我觉得……"。主观感受随时会受到各种因素的影响而改变，不是事物的本质。而学术论文的特点之一就是客观性，如果缺乏论据和必要的论证阐述，就会让人觉得没有理性，缺乏逻辑。论据一般可分为事实论据和理论论据。事实论据包括统计数字、历史材料、典型事例等，要注意真实性；理论论据包括已经被验证的定义、原理、法则、前人经典论述等。理论论据可以直接引证，也可以间接引证。

四、在运用论据对论点进行论证时，要注意写章节、段落之间的过渡句以及章节、段落中的主题句和结论句。

写清楚过渡句有助于阐明前后文之间的逻辑关系。主题句和结论句可以更好地突出分论点，便于读者了解掌握论文最重要的内容。

五、在阐述和论证时，要注意关联词语的正确使用。"虽然、但是、因为、所以、因此、并且"等关联词语是表示转折、因果、并列等逻辑关系的标记词语。

该用关联词时应准确使用，没有明显的逻辑关系不必使用关联词时也不能滥用，否则都会造成表述的逻辑问题。要学会利用篇章中表示递进、转折、因果、顺序等关系的连词、副词、代词等，使一段、一节、一章乃至整篇论文成为一个有分有合、环环相扣、条理清楚、论点突出的整体。

下面通过例4来说明如何运用论据进行客观论证，如何使用过渡句、主题句、结论句以及关联词等来突出论点、连接上下文。

例 4

上海志愿服务发展现状、问题与对策思考	
二、上海志愿服务发展存在的问题	
上海志愿服务的发展取得了较为长足的进步，制度化、常态化以及社会化水平不断提升。但是，也应该注意到上海志愿服务发展仍然存在着一些现实问题，结合本次调查数据与对上海志愿服务发展的具体分析考察来看，这些问题主要体现在以下几方面：	过渡句
（一）部分志愿者倦怠，志愿服务激励机制有待加强	
参与志愿服务虽然对志愿者有积极作用，**但是**志愿服务总是要花费一定的时间和精力，**因此**也会对志愿者的工作、学习和生活产生影响。调查数据显示，3.7%的志愿者认为"经常由于在志愿服务中花费过多的时间而影响了工作、学习和生活"，15.8%的志愿者表示有时有影响，36.2%的志愿者表示偶尔有影响。正基于此，部分志愿者已经因各种原因产生倦怠甚至想要放弃志愿服务。数据显示，4.7%的志愿者表示自己经常会有这种想法，62.0%的志愿者表示自己偶尔会有这种想法，**可见**志愿服务倦怠的问题已经经常或偶尔地困扰着许多志愿者。	关联词 论据：调查数据 结论句

与此同时，<u>还必须关注现实生活中阻碍志愿者参与志愿服务活动的诸多因素</u>。数据显示，志愿服务活动时间与个人生活或工作学习时间相冲突是首要因素，志愿者的选择比例高达75.6%。排在第二位和第三位的因素为服务效果不清楚和对志愿权益保障不足，选择比例分别为38.5%和38%。面对参与志愿服务活动过程中遇到的困难和挫折，虽然有70.9%的志愿者表示自己会积累经验，继续参与，但还有25.8%的志愿者会由此对志愿服务的热情降低，3.3%的志愿者会身心疲惫，认为自己从事的活动没有意义而退出。	主题句 论据：调查数据
志愿者是志愿服务的重要主体，其所反映出来的倦怠、时间冲突以及权益保障等问题直接关系到志愿服务的现实效果。<u>正是从这个意义上看，进一步增强志愿服务的激励机制显得极为重要</u>。当然，对于志愿者的激励，不仅仅要加强物质保障和精神鼓励，更要为他们创造较为便利的服务环境和安排，如更为灵活的项目时间安排、服务效果的反馈机制等等，都能够保证志愿者热情、持续地推动志愿服务活动的展开。	结论句
（裘晓兰、魏莉莉、张虎祥，《社会学》2016年第2期）	

　　该文第一章阐述了"上海志愿服务的发展现状"，例4中第二章写

"上海志愿服务发展存在的问题"时,首先通过过渡句"上海志愿服务的发展取得了较为长足的进步,制度化、常态化以及社会化水平不断提升"概括总结第一章的内容,承接上文,然后通过过渡句"但是,也应该注意到上海志愿服务发展仍然存在着一些现实问题,结合本次调查数据与对上海志愿服务发展的具体分析考察来看,这些问题主要体现在以下几方面"来指出本章要讨论的主题,引出下文。有关志愿服务存在的问题的第一个分论点直接写为第二章第一小节的标题,同时在第一小节下面的段落末尾进一步通过结论句"可见志愿服务倦怠的问题已经经常或偶尔地困扰着许多志愿者"明确结论,并在对这一分论点进行论证时采用了具体的调查数据作为论据,很有说服力。

常见问题例释

本科留学生在论文写作中经常出现的逻辑和连接问题主要有以下一些情况。

一、在布局全文结构框架时没有突出中心议题,主题也没有贯串始终,出现写跑题的问题。

很多同学虽然在论文题目或引言中明确了论点和主题,但在后面的章节段落中,写着写着就写了很多与主题关系不大的内容。如例1:

例1

赵孟頫绘画思想对中国文人画的影响
——以《鹊华秋色图》为例

一、引言

简单介绍中国绘画艺术的历史,提出元代画家赵孟頫对中国绘画思想的影响。

二、什么是文人画

三、赵孟頫简介

四、赵孟頫的绘画思想

  （一）古意

  （二）书画同源

五、浅析《鹊华秋色图》

  （一）创作背景

  （二）绘画内容与构图

  （三）画中的古意

  （四）宋代传统山水绘画被打破

六、结语

  简单讲解中国美学与西方美学的不同，强调中国美学中的古意。

  这是一篇艺术学专业的本科留学生所写的论文框架。从题目来看，论文的中心议题是"赵孟頫绘画思想对中国文人画的影响"，但在第一章引言中的表述为"赵孟頫对中国绘画思想的影响"，与论文的议题不完全一致，核心议题就发生了转移。后面第四、五章是论文的主体内容，应该围绕主题"赵孟頫绘画思想对文人画有什么样的影响"来讨论，但这两章只是分别介绍了赵孟頫的绘画思想和《鹊华秋色图》，中心议题并非"影响"，只有第五章的第（四）节"宋代传统山水绘画被打破"似乎涉及一点"影响"。论文的结尾部分要讨论的内容又转移到"讲解中国美学与西方美学的不同"上，明显偏离了论文的主题。

  此外，例1在框架内容安排上还存在章节内容轻重不当、焦点分散的问题，如对文人画和赵孟頫的介绍属于研究背景和缘由的范围，可以放在引言中进行说明，不必单独作为两章来详谈，冲淡了论文主题，造成核心议题不够突出的问题。论文题目是要以《鹊华秋色图》为例来谈赵孟頫绘画思想的，应将两者结合在一起进行分析，但框架中却将这两方面内容分别放在了第四章和第五章，导致论点和论据割裂，容易出现重复阐述等逻辑问题。

再如例2：

例 2
粤语的独特性与重要性分析

一、引言

二、粤语的内涵

讨论粤语的基本信息，了解粤语文化的基本内容。

三、粤语的文字特性

从粤语的书面表达体系、文字表达、发音、词汇等角度分析粤语的独特性。

四、粤语与岭南文化

五、粤语对普通话、汉文化的影响

分析粤语的文化意义，探讨粤语的重要性。粤语是岭南文化的重要组成部分，是岭南文化的载体；粤语对普通话具有多重影响，可以从语言和社会生活等角度进行分析。

六、推普环境下广东的粤语

讨论粤语当下面临的问题，分析粤语区青少年对粤语的掌握现状及其对粤语的态度。

七、粤语文化保护的策略与措施

提出相应问题的应对措施。

八、结论

论文议题是分析"粤语的独特性与重要性",在正文中应紧紧围绕"粤语""粤语的独特性""粤语的重要性"来展开阐述。粤语的独特性体现在哪些方面,每个方面的独特性可以作为一个分论点以小标题的形式呈现在框架中;粤语的重要性体现在哪些方面,每个方面的重要性也以小标题形式呈现。这样整个框架内容综合起来就可以清楚直观地看到对议题的回答。但例2的一级标题中却引入了"岭南文化""汉文化""粤语文化保护措施"等内容,使得议题焦点分散,显得逻辑混乱。同时,例2还存在标题与内容不符的问题,如第三章大标题是"粤语的文字特性",但下面计划要阐述的内容却还包含发音等非文字的内容。这一章如果要从文字、发音等角度分析粤语的独特性,那么大标题可改为"粤语的独特性",再设小标题"3.1 粤语发音的独特性;3.2 粤语文字表达的独特性;3.3 粤语词汇的独特性"。同理,第五章实际上是要谈粤语的重要性,但大标题没有与论文题目相呼应,显得逻辑不清。这一章大标题可改为"粤语的重要性",再设小标题"5.1 粤语对普通话的影响;5.2 粤语对汉文化的影响"。

还有的论文存在概念术语、数据资料前后表述不一致甚至矛盾的情况,显得很不严谨,影响读者理解论文要表达的核心议题和观点,也会带来逻辑性和连贯性的问题。如例3:

例 3

论国家信息与舆论安全

1. 绪论
   1.1 选题背景
   1.2 研究价值
2. 信息与舆论安全的概念
   2.1 信息的概念
   2.2 舆论安全的概念
3. 信息化时代的信息与舆论安全
   3.1 网络时代的国家信息安全
      3.1.1 网络对信息安全的影响
   3.2 媒化世界中的国家舆论安全
      3.2.1 媒体对国家舆论的影响
4. 维护国家信息和舆论安全的途径
5. 结语

论文题目是"论国家信息与舆论安全","国家信息"和"舆论安全"是两个需要明确界定的概念,但从文章的框架来看,各章节标题中比较随意地使用"信息、信息安全、国家信息安全、国家舆论、国家舆论安全"等说法。另外,第三章大标题中写的是"信息化时代",但这一章的第一节和第二节分别用了"网络时代"和"媒化世界",这些概念术语表面相近,实际上概念的内涵与外延并不相同,混杂使用就会带来逻辑问题。此外,如果只有 3.1.1 节,没有 3.1.2 节,就不需要用这一级标题。

二、在章节内容安排上把一篇论文写成了教科书,用很大篇幅介绍常识性问题,讨论的范围过大,绕弯子,导致核心议题不明确、不突出。

例4

古代西方美术的发展历程和当代社会

第一章 希腊

  1.1 古希腊艺术的特征和意义

    1.1.1 古希腊雕塑

    1.1.2 古希腊建筑

    1.1.3 古希腊绘画

  1.2 古希腊艺术对后世的影响

第二章 中世纪

  2.1 佛罗伦萨画派

  2.2 意大利早期文艺复兴时期

  2.3 德国文艺复兴美术

  2.4 法国文艺复兴美术

  2.5 西班牙文艺复兴美术

第三章 新古典主义和浪漫主义

  3.1 新古典主义

    3.1.1 社会背景

  3.2 浪漫主义

    3.2.1 社会背景

  3.3 新古典主义和浪漫主义的对比

第四章 结论

首先是论文题目范围就比较大,没有明确所要讨论的主题,"古代西方美术"和"当代社会"这两方面的内容无论是从时间还是从空间的角度来看,范围都很广。其次,框架中的三章主体内容的一级标题分别是"希腊""中世纪""新古典主义和浪漫主义",不在一个层面上,缺乏一以贯之的主题,甚至每一个小标题所指示的内容都足以写一本教科书,且看不出与论文题目之间的关联。

例 5

耶路撒冷对伊斯兰教的意义和两者之间的关系

一、绪论

选题意义:美国总统特朗普的"禁穆令"使得外界越发关注伊斯兰教。

简述耶路撒冷与伊斯兰教的关系和耶路撒冷对伊斯兰教的意义(宗教圣地)。

(一)耶路撒冷

介绍耶路撒冷(三教圣城)。

(二)伊斯兰教

介绍伊斯兰教[一神教、亚伯拉罕宗教(犹太教、基督教、伊斯兰教)、先知穆罕默德]。

二、伊斯兰教与耶路撒冷最初的接触

(一)清真寺

先知穆罕默德从近寺到远寺、获得天启的地方。

(二)穆斯林通过战争攻克耶路撒冷

基督教与伊斯兰教的激烈碰撞。

三、血染耶路撒冷

（一）耶路撒冷的战争

例 5 议题是讨论耶路撒冷对伊斯兰教的意义，对于一篇论文的篇幅来说，只需将"意义"这个中心论点分为几个分论点分别阐述清楚就可以了，但例 5 在框架内容安排时却将耶路撒冷、伊斯兰教、清真寺、耶路撒冷的战争等学界共知的常识性内容单列章节大写特写，介绍了很多知识性的内容，这就是"教科书式"的写法，不是论文写作需要的以论据论证论点的思路。

三、结构和内容层次不清造成逻辑混乱。

论文的上一级标题内容涵盖下一级标题内容才符合逻辑，但本科留学生在论文写作中经常出现下一级标题内容范围大于上一级标题内容范围的问题，如：

例 6

二、中韩两国神话情节比较

（一）故事内容比较

（二）神与人的关系

例 6 的第二章要比较中韩两国神话，大标题中是"情节"，小标题中是"内容"和"（人物）关系"，没有考虑到"内容"的范围大于"情节"，"内容"包含了"情节"和"（人物）关系"。

例 7

    2 文献综述

        2.1 国际组织和全球气候治理

        2.2 美国的气候政策和外交

        2.3 <u>先前研究的发现</u>

例 7 要讨论的议题是"美国与联合国合作应对气候变化的机遇、挑战和成效",第二章文献综述分为三小节,"2.3 先前研究的发现"实际上等于"文献综述",其内容与 2.1 和 2.2 不在同一个层次上,而与上一层次的标题内容一样,出现了逻辑问题。

例 8

    三、韩国留学生与中国学生交往状况及其原因

        3.1 来中国留学的优势消失

            3.1.1 断绝与中国学生的交流

            3.1.2 对中国文化的关注度下降——只注重与韩国人交流

        3.2 个人汉语水平退步

            3.2.1 随着汉语水平退步,个人成绩下降

例 8 题目是"中国高校韩国留学生与中国学生交往状况及其原因调查分析",但正文中第三章的大标题与论文题目基本一样,而且从这一章拟写的几个小标题来看,其内容既有"交往状况",也有"原因",混杂在一起显得逻辑很不清楚,应将第三章的标题拆分为"交往状况"和"原因分析",分两章分别进行阐述。

还有的同学在段落写作过程中,没有仔细考虑内容的内在逻辑和先后顺序,导致表述重复、啰嗦、逻辑混乱等问题。如例 9:

例9

一、引言

（一）研究内容

自2019年新冠疫情爆发以来，人类的生活发生了许多变化。李芊蕾、李跃文（2020）认为，新冠疫情带来的线上教学是一场大考，给教师和学生带来了巨大的挑战。在教学方面，学校不得不提供线上的教学方式。以前，大多数人都习惯于线下授课，但不能不接受。有些人反对线上教学方式，认为无效率。关于线上教学面临的困难，目前观点主要有四种：一是留学生的基础知识水平较低；二是学习材料不足；三是时差和网速不同；四是留学生的学习态度和纪律较差。本文认为这种学习模式会带来很多不便，因此希望通过这篇文章阐述线上学习所带来的障碍及应对方式。

（二）研究问题

本文拟探讨留学生线上学习的困难及其应对方式。前人关于留学生学习方面的研究比较深入，对线上教学存在的问题、教学所面临的困难以及教学改进措施的研究也有了较大的进展，而对具体应对方式的研究相对较薄弱，故还存在研究的空间。为了深入地了解留学生线上学习情况，本文拟采用问卷及访谈方式。关于教学改进措施，目前已有许多研究，如李芊蕾、李跃文（2020）认为可在课前课后与留学生充分沟通。该研究引起笔者对线上教学模式的思考，使本文拟研究关于留学生应对线上教学的方式。

（三）研究方法

本文采取问卷及访谈方式搜集材料，其中问卷和采访的对象是北京大学留学生，对50个人进行问卷调查，对另外50个人进行采访，拟从不同人的视角研究线上学习给留学生所带来的影响及其应对困难的方式。

作者在引言中分三个小节来写研究内容、研究问题和研究方法，但这三节中的具体内容多有重复，如画直线的部分都是有关研究内容的，加点的部分都是有关研究方法的，画波浪线的部分都是有关前人研究的，这些内容被分隔在不同的地方重复说明，导致逻辑混乱，应按照研究背景、相关文献综述、研究问题、研究方法、研究对象、研究内容分别集中阐述。

四、论点与论据割裂。

只说论点，缺少联系实际的有说服力的典型论据和必要的论证，或者只是罗列现象，堆砌材料，缺乏对材料和现象的分析，没有得出呼应研究问题的结论，使得研究失去了落脚点。如：

例 10

……针对奢侈品市场的<u>研究不多</u>，特别是针对奢侈品牌如何适应市场变化的<u>研究稀少</u>。

例 10 中提出"研究不多"，但并没有对相关研究的数量和具体情况进行说明，缺乏必要的论据来证明"研究不多"这一结论性表述，就会给人留下过于主观的印象。

例 11

北京大学大一境外留学生网课学习问题调查研究

一、引言

……据留学生办公室统计，北京大学 2021 年共招收了 1304 名留学生，<u>其中本科生人数有 374 人</u>。本文将以北京大学境外留学生为研究对象，采取问卷调查的方法，从技术问题、沟通问题和学习效率三大方面，考察他们在北京大学混合教学模式下面临的问题。

例 11 作者要以大一境外留学生为研究对象，在引言中虽然采用了"本科生人数有 374 人"这个数据，但并没有进一步说明 2021 级本科留学生中有多大比例的学生在境外无法到校学习。之所以有必要说明境外学生的比例，是因为境外学生的比例越高，越能说明本文研究"境外留学生网课学习问题"的价值，缺少了这个数据，逻辑链条就缺了一环，也就相应减弱了有关研究价值的说服力。

例 12

二、赵孟頫的绘画思想

1. 古意

赵孟頫提倡再创作中注重"古意"，就是吸收古人的创作手法及特色，通过绘画临摹和钻研前人作品，并结合自己的经历和认知，为中国绘画发展探索新的道路。

明代张丑所著的《清河书画舫》中记载："作画贵有古意，若无古意，虽工无益。今人但知用笔纤细，傅色浓艳，便自为能手。殊不知古意既亏，百病横生，其可观也？吾所作画，似乎简率，然识者知其近古，故以为佳。此可为知者道，不为不知者说也。"因此，赵孟頫的思想和视角将中国美学推进了一步。

例 12 中最后一句为结论句，是一个分论点，但前面只简单介绍了赵孟頫主张绘画要注重古意，然后引用了明代张丑《清河书画舫》中记载的一段话，算是一个论据。问题是例 12 既没有明确说明引用的这段话是赵孟頫在画作上所写的跋文，也没有对这段话与最后的分论点之间的关联进行必要的阐述论证，即为什么这段话可以说明赵孟頫的思想和视角将中国美学推进了一步。这就使得最后一句的结论非常突兀，缺乏说服力。

五、文不对题。

主要表现为标题与其内容不相符、不相关。如：

例 13

（四）实践课无法进行

关于线上留学生进行<u>实践课的困难</u>，实践类科系的教育界学者已经进行了探讨，比如骨科这门课，线上教学无法锻炼操作能力。另外，汉语口语课因为采用录播模式导致师生之间缺乏互动，效果不好（徐君，2021）。这些由于缺乏实操经验而导致的专业知识的缺失，<u>会给学生就业带来负面影响</u>。但是，由于疫情下的网课还不足两年，上述问题在职场中还未完全体现，因此针对这方面的研究也仍然不足。

另一方面，许多学者也对<u>大一学生适应大学教学的问题</u>进行了研究，普遍来看，大一新生学习态度不好，动机不强。这是由于经历了高考后的松懈、对未来规划的不确定以及较难适应大学的教学模式（何瑾，2021）。

综上所述，<u>来华留学生在网课学习方面遇到诸多问题</u>，其原因来自网课无法避免的技术问题、沟通问题和学习效果欠佳的问题。

例 13 第（四）节的标题是"实践课无法进行"，但这一节的内容只在开始部分简单谈到了实践课的困难，后面就开始谈实践课缺失带来的影响、大一学生适应大学教学问题的相关研究以及总结网课学习的诸多问题。后面的这些内容超出了标题的范围，与标题不符，同时也导致该小节的后两段与第一段内容不连贯。

六、缺少必要的小标题、过渡句、主题句和结论句,前后文逻辑不清楚,重点不突出。

论文的小标题和过渡句、主题句、结论句都是在不同的位置明确论点,论点突出就可以提纲挈领地使文章的逻辑一目了然,否则就让人感觉眉目不清,缺乏逻辑性和连贯性。如:

例 14

> 二、文献综述
>
> 　　关于两大主流操作系统的某些方面已经被前人研究并且得出了结论:
>
> 　　(1)腾讯安全管理部门的《Android 系统与 iOS 系统安全现状与趋势研究》得到的结论为总体上 Android 系统公开的系统漏洞远高于 iOS 系统,但是随着高科技公司在系统安全技术上的长期投入,两者的漏洞数量在近两年呈下降趋势,安全研究热潮慢慢向 AIoT 安全等新领域转移。
>
> 　　(2)许昌高级中学的文章《浅析安卓系统、iOS、Windows Phone 系统的差异性》中简单指出了 Android 和 iOS 能够立足市场的几个原因,安卓的开放性、丰富的硬件选择和苹果的独特工业设计风格、无与伦比的安全性,是它们占据大部分市场份额的主要原因。

例 14 中的这一段文献综述,首先,综述的主题不够突出明确,"某些方面"语焉不详、模糊不清;其次,以文献名称为主语介绍其研究结论，淹没了文献综述的主题；再次，缺乏过渡句和主题句，而且文献标注也不够规范。

下面是对例14的修改，以简练、准确的文字概括和揭示了章节、段落内容，通过增加画线部分的表述提高了逻辑性和连贯性，使得读者能用最短的时间获得最需要的信息：

二、<u>有关主流手机操作系统的研究综述</u>

目前市场上主要有两大主流手机操作系统，分别是安卓系统（Android）和苹果系统（iOS），<u>关于这两大操作系统的研究主要是对比分析系统的安全性与差异性。</u>

<u>在系统的安全性方面</u>，伍惠宇等（2020）认为总体上安卓系统公开的系统漏洞远高于苹果系统，但是随着高科技公司在系统安全技术上的长期投入，两者的漏洞数量在近两年呈下降趋势，安全研究热潮逐渐向AIoT安全等新领域转移。

<u>在系统的差异性方面</u>，赵益泽（2017）指出安卓系统和苹果系统能够立足市场、占有大部分市场份额的<u>原因主要有四点</u>：安卓的开放性、丰富的硬件选择，苹果的独特工业设计风格、无与伦比的安全性。

例15

集成电路产业现状及发展趋势

<u>关于集成电路的优缺点，前人有一些不同的观点。</u>张丽（2020）和杨国庆（2020）都认为集成电路的优点是在国内有大市场、能形成产业链生态系统，同时也认为国际化的特点增加了国产集成电路企业面临的压力，杨国庆（2020）认为国内集成电路与国外大公司比起来整体上还有很多不足之处。并且也认为国内缺乏高素质人才、我

国微电子教学有一些问题。微电子教学是养成高素质人才的一个重要的途径,但是张丽(2020)认为国内可发展人才很多,而且作为庞大的市场必定具有很大的优势,更多地描述了中国集成电路发展趋势的优点,笔者相对赞同两个前人所说的优点,但是不太赞同杨国庆(2020)所说的国内缺乏高素质人才等这些说法。但并不赞同教学体系上存在着问题。笔者认为杨国庆(2020)研究出的结论对集成电路未来和发展趋势的描述在政策和制度方面比较明确,但对于资源配置和科技创新等方面的描述相对笼统。笔者认为总体来看前人对未来实质性的创新方面的内容和技术上发展的内容的研究还较少。

例15是论文的文献综述部分,在表述方面存在逻辑不清的问题,没有明确前人相关研究的观点有哪些不同,后面阐述前人观点时应通过主题句指明研究对象。例15中还存在滥用转折关联词"但"的问题。

对于例15,可以通过以下思路进一步修改完善,提升逻辑性和连贯性:

关于集成电路产业,前人研究多关注集成电路的优缺点、人才培养和发展趋势等方面。对于集成电路的优点,学界的看法比较一致,认为……(张丽,2020;杨国庆,2020)。对于集成电路的缺点和不足,杨国庆(2020)认为……,而张丽(2020)则认为……集成电路要发展,高素质的人才培养至关重要。对于人才培养,张丽(2020)认为……,但杨国庆(2020)却认为……对此,笔者认为……关于集成电路的发展趋势,前人研究多从政策和制度角度……(杨国庆,2020),但对于资源配置和科技创新等方面的讨论相对较少,……因此,本文拟……

::练习::

一、论文的三要素是什么？

二、可以从哪些方面增强论文的逻辑性？请至少说出三个方面的注意事项。

三、从下面的例文中选择一篇，提炼出全文框架，找出文中的主题句、过渡句、结论句，注意论文在增强逻辑性和连贯性方面的做法。

  例文1：王丽、王诚庆、孙梦阳，《文化距离对北京入境游客时空行为的影响研究》，《人文地理》2018年第4期。

  例文2：王思思，《中国早期电影音乐与女性形象塑造》，《南京大学学报（哲学·人文科学·社会科学）》2017年第3期。

  例文3：侯玉波、李昕琳，《中国网民网络暴力的动机与影响因素分析》，《北京大学学报（哲学社会科学版）》2017年第1期。

四、讨论分析下面例子中有什么样的逻辑问题。

浅析李思训绘画流派在中国绘画史上的成就

  一、李思训个人经历与作品

    李思训（651—716）是唐代著名画家，主要作品有《江帆楼阁图》《九成宫纨扇图》等。

二、中国绘画上的四次创新

1. 无意识的创新
2. 传统内部的创新
3. 洋为中用的创新
4. 多元化的创新

三、唐代中国画色彩综合特征

1. 以线立骨，随类赋彩
2. 寄情于色，借色抒情
3. 色彩艳丽，雄浑厚重
4. 色彩单纯，装饰性强

四、总结

五、请修改下列语句在语言表达上的不当之处。

1. 本文以太平天国领导层对待百姓和妇女的不妥之处，以至于最终失去民心，统治瓦解为切入点进行阐述和分析。

2. 当2020年《原神》开启全平台公测后，其支出收入数据比《王者荣耀》和《绝地求生》更甚。《王者荣耀》在过去两年内创收550万美元，而《绝地求生》则创收490万美元。而《原神》已经产生了37亿美元玩家支出收入。

3. 本文讲述了关于中国政府财政预算管理现状，从预算管理过程、预算编制、预算执行、分税制和转移支付的方面进行了分析，最后提到中国预算改革的现状与问题，最后举国外预算改革例子提出了建议。

4. 由于对个人主义、未来不确定及经济困难而导致年轻人的低生育率现象日益严重。

5. 在韩国的老龄化与低生育率程度不断加深的情况之下，年轻人赡养老人的压力太大，并老人发愁年金基金库会枯竭。

6. 随着华人生育率逐年下降，现如今马来西亚华人于全国人口的比例，只剩下区区百分之二十左右。随着华人人口的降低，华人在马来西亚的政治势力也大幅减弱。

7. 近年来，由于新冠疫情的爆发，全世界引起了金融风波，泰国也不例外。尤其是在社会与经济方面，泰国受到了沉重的打击。

8. 为了更全面地让读者了解人工智能对制造业的反作用，笔者应能够在这方面做出更多的研究，并给读者们分析出来。

9. 乡土本色，我读了作者的解释，认为乡土本色是一种改不掉的习惯。

10. 随着4G手机的普及以及5G网络的搭建，将移动互联网广泛普及化并促进了它更深入的发展，再加上人们繁忙的生活常态使碎片化移动应用场景下的娱乐需求增加，使得中国短视频平台迅速崛起。

第九讲　研究方法与表述

学习目标

1. 了解什么是实证研究和非实证研究
2. 学习如何设计一份调查问卷
3. 学习如何描述调查问卷的结果

实证研究和非实证研究

　　研究一个学术问题的过程也是逻辑推理的过程，我们可以采用演绎的方法，经过推理演绎，得出新的结论；也可以采用归纳的方法，归纳大量的事实，从事实中得出新的结论。论文也可以分成两大类。一类是在已有研究的基础上，依据逻辑推理，得出新的研究结论，这类研究称为非实证研究。另一类是对某些事例、数据、实验结果进行归纳分析，依据事实对以往的研究结论进行验证，或者发现新的规律、得出新的研究结论，这种研究范式称为实证研究。

　　基于已有文献的非实证性的研究论文非常常见，对大学生来说，很多专业课的课程论文都是基于文献的研究。下面两个例子都是非实证研究。

例 1

新媒体对当代大学生婚恋观的影响及应对性教育

（三）择偶标准日趋多元化

正如电影《牧马人》中的经典台词一样："老许，你要老婆不要？如果你要，只要你开金口，我就给你找来！"这种朴实而纯粹的婚恋观正是我国传统婚恋观中的择偶标准，听从长辈安排"随遇而安""搭伙过日子""门当户对"。而现当代大学生群体普遍具备较强的自我意识。快捷的交通出行方式与互联网技术的快速发展打破了原本意识交流的固有限制，再加之当代大学生受到媒体传播文化博爱、平等、自由等思想的影响，使得他们的婚恋观念已从过去的以家庭为中心单一元素转为以个人情感为基础，以价值观、学历、外貌、爱好等更多的元素相统一。2020年5月，国内大众婚恋交友平台有缘网发布《2020"后浪"婚恋观报告》。从这一报告中看出当代95后认为择偶"三观"一致成为首要条件，其认同占比超过了43.2%。紧随其后的是经济条件，占比为21.7%，另外有超过18.9%的受访者认为兴趣爱好也是择偶的重要条件。从这个报告中我们也看出经济条件也是当代大学生择偶考虑的重要条件，有的大学生选择经济能力强的异性为伴，认为婚姻并不一定以感情为基础，物质条件才是唯一，这也说明了大学生在恋爱心理方面的不健康。

（陶晶晶，《湖北开放职业学院学报》2022年第18期）

这段论文前一部分指出当代大学生的婚恋观发生了很大的变化，特别是受到新媒体传播的文化的影响，青年人的择偶标准发生了变化,而且更加多元。后一部分引用了某个已经发布的报告中的数据资料,进一步说明大学生择偶标准除了感情还有经济条件等。

例2是对生育率陷阱进行解读的一篇论文中的一部分。全文论证低生育率陷阱理论面临的挑战,没有使用一手数据作为论文的论据。例2是在解析生育率回升的原因时,提到了政策的因素,分析了政策因素在促进生育率回升中的作用:

例2

低生育率陷阱:理论、事实与启示

政策对生育率回升的作用是一个有争议的话题。有学者认为欧洲国家鼓励生育的政策对生育率回升的作用非常小或几乎不存在(Lutz, 2007; Sobotka、Lutz, 2011),但多数研究认为政策对生育率回升有一定的促进作用,当经济发展与政策充分结合时,生育率回升幅度大。

从宏观趋势看,欧洲一些国家支持家庭发展政策的变动与生育率的下降或回升具有一致性。在20世纪90年代,随着东欧国家原有制度的解体,市场竞争机制的引入加深了家庭和工作之间的矛盾。许多国家对家庭的支持力度同时减弱,比如缩减对幼儿园的支出,入园率急剧下降。但2000年以来,一些国家开始关注家庭发展,相继出台一些促使工作和家庭协调发展的政策,比如,发展孩子看护市场、支持带薪产假和陪产假、增加孩子补贴等。在妇女协调就业和生育养育孩子的过程中,这些政策无疑会起到一定的积极作用。在一些政策相对完善的国家,比如爱沙尼亚、斯洛文尼亚、保加利亚,妇女的劳动参与率超过了30%,这些地区的生育率上升幅度也更加明显(Matysiak, 2011)。

政策对生育率的影响难以量化和评估,但最近有研究收集了一些国家的补贴、产假数据,用实证方法分析发现,帮助女性平衡就业和家庭的政策项目降低了孩子机会成本,对生育率升高起到了正向作用(Luci-Greulich、Thévenon,2013)。具体而言,家庭补贴对生育率没有显著影响作用,但是产假会降低无孩率,育儿补贴对妇女的生育时间和终身生育率都有一定的影响作用(Kalwij,2010)。

(靳永爱,《人口研究》2014年第1期)

在例2中,作者概括了已有的文献对这个问题的不同看法,并根据已有的研究得出结论:从历史发展看,政策的因素还是促进了生育率的回升。提出这一观点之后,就引用了前人文献进行证明。首先根据已有文献,指出2000年以后一些国家出台了促进工作和家庭协调的政策,这些地区的生育率有所上升。接着又引用了一篇实证研究的结论,通过具体的量化数据证实了政策对人口出生率回升的促进作用。作者通过引用这些前人文献的研究结论论证了自己的观点。

以上两例的论证方法是演绎推理类论文中较为典型的写作方式。

采用演绎推理进行论证的论文较为常见。在确定了论文的研究内容、搭建了论文的结构框架之后,就要依据已有的相关文献,从已有研究文献中的研究内容、研究结论等方面寻找论据,进行观点论证,增加论文的说服力。

要注意的是,基于文献的写作和文献综述不同。文献综述是对已有的文献进行梳理、分析、概括、评价,主要是介绍已有的研究。基于文献的写作,是阅读了已有的文献,确立了研究内容,把已有文献作为论证的证据,论文的主体是自己的研究,有自己的思路、自己的逻辑,论文要得出新的结论。

实证性研究如例3,是基于调查问卷所得的数据进行论证的论文:

例 3

大学生婚恋观现状调查分析

（三）大学生的择偶标准

择偶标准指的是个体准备开始恋爱或进入婚姻关系时，在挑选配偶方面持有的主观评价标准。它同时也是人们对于男女之间价值关系的主观反映。择偶标准是一定社会历史和社会文化作用的产物，受到家庭、社会文化背景及风俗习惯等条件的影响，具有一定的社会性和时代性，能鲜明地反映当时的社会特征和人们的思想观念。如，上世纪 50 年代择偶重政治，60 年代重成分，70 年代找解放军，80 年代找大学生，90 年代跟着感觉走。因此，大学生的择偶标准不仅能反映出大学生在择偶方面的个人价值取向，也能从侧面反映出社会风气和当代大学生群体的精神风貌。

在"选择配偶时你最看重对方什么"一题中，排在第一位的是人品，38% 的大学生选择了此项。排在第二位的是能力才华，28.3% 的大学生选择了此项。排在第三位的是性格，19.1% 的大学生选择了此项。其他依次是相貌（6.7%）、其他（3.8%）、家庭背景（1.7%）、收入（1.4%）和学历（1%），共同占比为 14.6%。由此可见，人品、能力才华和性格等个体的内在素质是当前大学生择偶的重要考量，而相貌、家庭背景和收入等外在因素很少能左右大学生对配偶的选择。

（魏晓娟，《青少年学刊》2020 年第 2 期）

例 3 首先说明择偶标准是在挑选配偶方面持有的主观评价标准，具有时代性和社会性。然后介绍了调查问卷中"选择配偶时你最看重对方什么"这一问题的调查结果。最后根据调查问卷的结果，得出结论：

"人品、能力才华和性格等个体的内在素质是当前大学生择偶的重要考量,而相貌、家庭背景和收入等外在因素很少能左右大学生对配偶的选择。"论文的研究结论是建立在调查问卷的数据的基础之上的,是对数据的归纳和总结。

除了问卷调查以外,实证研究也可以通过访谈、实验设计等方法收集数据。对于学生研究者来说,问卷调查是使用最广泛的研究方法。

调查问卷的设计

设计调查问卷,通过问卷调查收集某一方面的数据是实证研究最常用的手段。

在调查问卷前面有一个面向被调查者的说明,一般包含三个主要内容:1.问卷调查的目的、主要内容介绍;2.调查问卷的使用范围及对被调查者信息保密的承诺;3.对被调查者的感谢。下面两段文字都是调查问卷的说明部分:

亲爱的同学:

你好!

本人是北京大学××学院20级本科生,衷心感谢你填写问卷。问卷将考察北京大学本科生自主学习能力的基本情况。问卷不记名,回答无对错。问卷所收集到的个人信息和数据仅供学习研究之用,请你根据真实情况放心填写。你的帮助对我们的研究非常重要,再次感谢你的帮助与支持。

亲爱的同学:

你好!本问卷想要调查北京大学留学生对《中国概况》文化教材

中中国国家形象的认识。请根据学习《中国概况》的感受,选择你认为最合适的选项。你的答案对我们非常重要。我们承诺对你在本问卷中填写的信息保密,希望你可以真实地填写本问卷。再次感谢你的参与!

正式的调查问卷一般包括基本信息和问题两个部分,如例4和例5:

例4

自主学习能力调查问卷

一、个人信息部分
　　性别、年级、院系
二、自主学习能力调查问卷
　　1.学习上遇到问题时:(　　)
　　　A.我能确定自己的学习需求
　　　B.我能够选择最好的方法
　　　C.我会和同学讨论
　　　D.我会请教老师

例5

《中国概况》中的中国国家形象研究调查问卷

第一部分:基本情况调查
1.性别:
2.国籍:
3.学习汉语的时间:
　A.1年　B.2年　C.3年　D.4年　E.4年以上
……

第二部分：中国国家形象认知调查

请根据自己的感受，选择下列选项，表示对以下表述的同意程度。

1= 非常不同意，2= 比较不同意，3= 一般，4= 比较同意，5= 非常同意

……

7. 中国的河流很多，自然资源丰富。（　　）
   1　　2　　3　　4　　5
8. 中国文化丰富，对当代社会影响很深。（　　）
   1　　2　　3　　4　　5

在调查之前，我们要对调查结果有一个心理预期。我们认为某个问题应该包括哪几个方面的内容，根据这些内容思考问卷应该包括哪些问题。另外我们也可以借鉴已有研究文献中的问卷，根据我们的调查目的进行调整，如增加一些问题或者合并、减少一些问题。

设计调查问卷的注意事项

一、首先要考虑我们要搜集哪些方面的数据。如果想要了解学生校园生活的参与度的问题，我们应该了解哪些内容？设计哪些题目？一般来说考察校园生活参与度，除了上课、学习以外，更多的是参与校园活动，比如可以包含：参加社团活动、担任学校志愿者、听讲座、参加运动会、参加各类比赛等，围绕这些方面设计题目，调查参加的次数、频率等。

再比如要研究的问题是"大学生专业选择的影响因素"，有一些大学生入学后对所选专业不满意，可能包括很多方面的原因，比如说专业课太难、就业情况不好、不感兴趣等，那为什么学生在填报志愿

的时候选择了这些专业呢？因此需要进行问卷调查，了解学生选择专业时的影响因素。专业选择的影响因素较多，比如个人兴趣、就业前景、家长的建议、考试的成绩、学校所在的地区、学校的名气等，那我们设计问卷时就要包括这些问题。

在进行调查之前，最好找几位被调查者进行一下试测，看看需要多长时间，看看问题是不是很清楚，是不是好理解，答案是不是唯一的。更重要的是考虑一下调查问卷的结果是不是我们想要了解的，是否能够和我们的研究主旨相吻合。

二、在设计问卷时，除了要考虑问卷的内容和拟进行的研究的匹配度问题，也要考虑对调查问卷的结果进行分析时，打算使用哪些统计分析方法，是描述比例，还是要进行相关程度和差异显著性分析，由此决定问卷中的问题的回答形式。如：

（1）在你特别想购买一样东西但是没有足够的资金的情况下，你会：
（　　）
　　a. 坚持购买　　　　b. 放弃购买
（2）你认为你未来的工资能够满足你的花费需求吗？（　　）
　　a. 足够　　　　　　b. 不够

上述这两个问题都是选择问答题，在对这类调查问题的结果进行分析时，我们会统计出选择某一种答案的人数，对选择的人数进行累计，并计算出选择每一种答案的百分比，然后从百分比或者人数多少上进行比较。比如一共有79人参与调查，第一题选择"坚持购买"的56人，选择"放弃购买"的23人，就可以得出结论：购物时资金不足时多数人仍然选择坚持购买。

如果选择下面的问题形式：

（3）中国的河流很多，自然资源丰富。（　　）
　　1　2　3　4　5
（4）中国文化丰富，对当代社会影响很深。（　　）
　　1　2　3　4　5

在分析调查结果时就能计算出每位被调查者在每一个问题上的得分，这样我们就可以通过统计软件（如 SPSS）进行统计推断，发现不同问题之间或者不同的被调查者之间有没有显著的差异或者是否相关。

调查什么，哪些问题能够满足拟进行的研究的需要是要反复斟酌的，另外对于调查结果打算如何分析，决定了调查问卷要设计哪种形式的问题。

调查问卷与数据描述

问卷调查完成后，就进入数据汇总描述、数据分析讨论阶段。数据汇总描述就是对调查结果即数据进行整理、概括，通过简明直观的方式进行汇报。

1. 对调查方式、调查对象、调查问卷内容等信息进行汇总描述

例 6

大学生网购情况调查及分析与思考

本调查采用问卷调查方式，收集泰安地区大学生对于网络购物的认知程度、接受程度、使用情况、网购经历、网购消费水平及网络购物在学生中的影响力等等数据，共发放 625 份问卷，通过筛选，得到有效问卷600份，回收率96%。其中女生291人，男生309人，大一学生176人，约占29.3%，大二学生217人，约占36.2%，大三学生131人，约占21.8%，大四学生76人，约占12.7%。

（邓晗，《现代商业》2018年第18期）

例6介绍了调查问卷的主要内容和调查对象的情况。

例7
英语写作教学现状调查与分析

本次研究采用问卷的调查方式。调查问卷由清华大学外语系方琰教授在文献阅读和与清华大学的几位同行们反复讨论的基础上自行设计，并于2004年12月在浙江海洋学院英语专业的30名大三学生中进行过一次预测，预测的问卷共含23个项目，问卷的目的是证实两个假设：（1）中国大学生所接触的英语体裁的面不够广泛，因而还没有建立起体裁意识；（2）中国高校英语课的教学仍然偏重语法和词汇，对语义结构不够重视。2005年4月方琰教授对预测的问卷结果进行了统计和分析，初步证实了这两个假设是成立的，并在广泛征求其他同行的基础上对问卷调查的内容进行了调整，并在被证实该问卷的结果可以通过SPSS的工具加以统计分析后，于2005年6月分别在国内3所高校发放600份问卷进行更大范围的调查。修改后的问卷共含27个项目，根据问卷的形式可以分为3个部分：22个单项选择题，只许学生选择其中的一个选项；4个多项选择题，允许学生选择多个选项；1个开放性问题：你对改进英语写作课有何建议和要求，允许学生提出多个建议。本次问卷主要为了调查以下5个方面的问题：（1）学生对英语写作课的总体感觉；（2）学生在英语写作中的困难；（3）学生在大学里所接触的语篇体裁情况；（4）教师的写作教学情况;(5)学生对英语写作的要求。重点是了解师生是否建立了体裁意识。

(蔡慧萍、方琰,《外语与外语教学》2006年第9期)

例7说明了所使用的调查问卷的由来、发放情况,以及调查问卷包含的题目、题目的形式及调查的主要内容。

在对调查问卷中的调查目的、调查内容及调查对象进行描述时,经常使用以下词语:

本文/本研究采用……研究方法
选取……作为调查对象,对……进行调查
为了解……
为了更好地研究……
以……为调查对象
调查了……
调研主要面向……(人群)
主要针对……进行了调查
调查对象主要是……
本次调查由……组织实施
为了……,……进行了为期一年的调查
在……,对……进行了调查
发放问卷……份,收回……份,有效问卷……份
本次问卷调查主要采用线上的形式进行
调查问卷通过……平台发布

2. 对调查数据进行描述和分析

对问卷调查结果进行描述时，可以使用文字，也可以使用"文字＋图表"的形式。使用图表的目的是使调查结果看起来更直观，可以更清楚地比较大小，明显看出变化趋势。如：

例 8

英语写作教学现状调查与分析

4.2 学生在英语写作中的主要困难

为了了解学生在英语写作中的主要困难，我们设计了一个由 6 个选项组成的多项选择题，允许学生进行多项选择，调查结果表明，学生在英语写作中的困难主要集中在以下 4 个方面，依次为：英语词汇量少；不知道不同类型的文章对英语有什么不同的要求；不知如何下笔或不知应当包括哪些内容；经常用汉语翻译。具体见表 5：

表 5

调查项目	选项	人数	百分比（总人数为253名）
你在英语写作时哪些方面有困难？	A. 不知如何下笔或不知应当包括哪些内容	146	57.7
	B. 英语的语法有很大问题	77	30.4
	C. 英语词汇量少	282	111
	D. 不知道不同类型的文章对英语有不同的要求	199	78.7
	E. 经常用汉语翻译	122	48.2
	F. 其他	9	3.5

根据我们的调查，537 名受访学生中，253 名学生感到英语写作有困难，而困难之一就是英语词汇量少，无论是本科生、硕士生还是博士生都有同感；另外 29 名同学虽然觉得英语写作不太困难，但他们也选择了 C 项，这表明他们也感到英语词汇量少直接影响到英语写作。从表 5 中我们可以看到，有 282 名学生都选择了 C 选项，居首位；199 名学生选择 D 项，列居第二；146 名同学选择了 A 项，列居第三；122 位同学觉得英语写作时不能用英语思维，经常用汉语翻译，但又感到无法地道地表达思想；也有 77 位同学觉得在语法上有很大问题。

（蔡慧萍、方琰，《外语与外语教学》2006 年第 9 期）

图表应用得好，可以简单明了地描述数据。选用图表的原则是凡是用简要的文字能够表达清楚的就不用图表。例 8 中有表格也有文字，表格及下面的文字都对调查结果进行了描述，文字部分的描述主要侧重说明选项按照重要程度的排列顺序，而表格里的数字则更加详细，列出了每个选项的具体数值。可以说表格一般是用来展示数据，而文字是对表格中数据的归纳总结，所以两个部分所起的作用是不同的。

描述调查数据也会用到图，常见的图有柱状图、饼图、折线图等，在需要反映变化趋势或者不同选项的差异时，使用图形会更加直观。如例 9：

例 9

汉语写作中教师书面反馈调查
——以来华留学预科生作文为例

根据统计，按照反馈类型的不同，绝大部分教师采用了纠错性反馈，包括直接性和间接性的纠错方式，共占总语料数的 85% 以上，其中间接性反馈略多于直接性反馈，二者比例相当。零反馈占总比例的近20%。正面反馈（非纠错性反馈）最少，只有不到5%（图2）。还有部分语料同时使用了几种反馈方式。

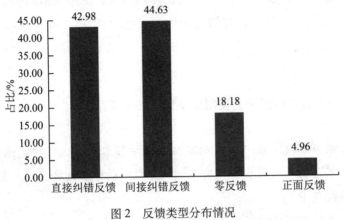

图2　反馈类型分布情况

这说明教师在反馈时，多数是以启发学生为初衷，希望学生通过符号暗示或者明示的方式进行纠错。

值得注意的是，零反馈接近20%，这本应视为评分教师疲劳的反应，但后期通过学生访谈得知，有一部分零反馈的试卷，教师是有意为之，目的是通过与学生面谈作文，当面批改错误，让学生对自己的错误有更加直观的印象。

（黄雯雯，《汉语国际教育学报》第七辑，2020年）

例9中图2前边的文字描述简洁，对纠错性反馈、零反馈、正面反馈进行了概括。文字下边使用了柱状图，显示了三个反馈类型的具体数值，把其中占比最大的纠错性反馈又按照直接纠错反馈和间接纠错反馈分别标示，数据比文字部分的更为细致。与表格相比，柱状图把四个选项之间的差异显示得非常明显，使读者能够一目了然。

3. 使用图表需要注意的问题

（1）要切实发挥图表的作用，不能为用而用。

（2）要避免用多个图表及图表和文字表达同样的数据，应选择最恰当的唯一的方式。能用文字表达的不用图表，能用表格的不用图。

（3）每幅图表都要有明确的序号，如"图1"（写在图的下方）、"表1"（写在表的上方）等。

在描写数据时经常会使用以下词语和句式：

① 调查发现，在"我能确定自己的学习需求"选项中，选择"从不"的人数最少，只有不到三分之一的学生选择了这一答案。
② A 是 B 的……倍
③ A 比 B 上升 / 下降 / 减少 / 增加……百分点
④ 有关……的调查数据见图 n / 表 n / 下表 / 下图
⑤ 如图 n / 表 n / 下表 / 下图所示，……
⑥ 从图 n / 表 n / 下表 / 下图可以看出，……达到了较高的水平
⑦ 图 n / 表 n 反映了 A 与 B 之间存在 / 无显著差异
⑧ 根据图 n / 表 n，……呈现急剧上升 / 缓慢下降的趋势
⑨ 图 n / 表 n 中包括了……，其中最……的为……，占 ××%，其次是……
⑩ 图 n / 表 n 中显示 A 显著大于 B，这说明 / 表明……
⑪ 基于图 n / 表 n / 下表 / 下图中的信息，可以得出以下一些结论
⑫ 调查 / 统计发现 / 显示
⑬ 从……表可以看出 / 看到 / 发现
⑭ 根据表 n，被调查者普遍认为……
⑮ 关于……的情况见表 n
⑯ 只 / 仅 + 数字
⑰ 近 / 达 + 数字

∷ **练习** ∷

一、基于文献的写作和文献综述有什么不同？

二、在设计调查问卷时，要考虑哪两个问题？

三、使用图表需要注意哪些问题？

四、从下面的两个题目中选择一个：1. 大学生网络使用情况分析；2. 大学生网购现状分析。根据选定的研究主题，设计一份调查问卷。

  要求：

  1. 先写出调查问卷的设计思路，包括：(1) 调查方式、调查对象；(2) 调查的主要问题，每个问题包括哪些小的问题，问题的形式是什么；(3) 如何分析调查结果。

  2. 简要写出调查问卷的内容，包括说明、基本信息和问题。

五、根据下面这段文字，说明调查问卷的构成和主要调查内容。

问卷共含 27 个项目，根据问卷的形式可以分为 3 个部分：22 个单项选择题，只许学生选择其中的一个选项；4 个多项选择题，允许学生选择多个选项；1 个开放性问题：你对改进英语写作课有何建议和要求，允许学生提出多个建议。本次问卷主要为了调查以下 5 个方面的问题：(1) 学生对英语写作课的总体感觉；(2) 学生在英语写作中的困难；(3) 学生在大学里所接触的语篇体裁情况；(4) 教师的写作教学情况；(5) 学生对英语写作的要求。重点是了解师生是否建立了体裁意识。

六、请在图 1、图 2 下面写出一段与之配合的文字描述。

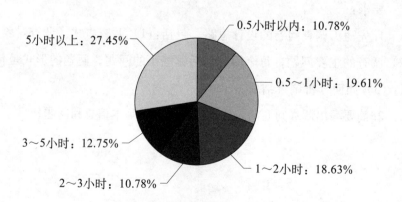

图 1　女生每天微信使用时长

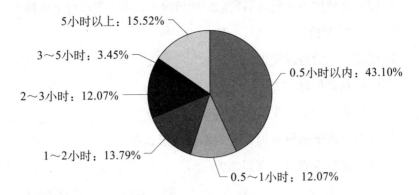

图 2　男生每天微信使用时长

七、下面是一个调查问卷的设计思路，请指出其中的不妥之处，并提出修改建议。

研究主题：当代大学生消费行为研究

调查问卷调查的主要问题有以下三个：

1. 大学生消费行为现状
2. 影响大学生消费的因素
3. 有消费欲望没有消费能力的时候怎么办

研究的预期是大学生存在非理性消费，比如盲目攀比、消费超过自己的支付能力。

调查问卷中包括的具体问题是：

1. 目前的消费状况

　　（1）你是否存在每月消费费用超过收入的问题？

　　　　A. 存在　　　　B. 不存在

(2) 在费用不足但有消费欲望的情况下，你会做出什么选择？

　　A. 坚持　　　　　　B. 放弃

2. 促使产生消费欲望的因素

　　(1) 基础信息：性别、年龄、家庭背景

　　(2) 消费欲望产生的原因

3. 有消费欲望但没有消费能力的时候怎么办？

　　(1) 你是否有过下列想法？

　　　　A. 贷款　　　　B. 借父母、朋友的钱　　　C. 先攒钱

　　(2) 网购以后，是否存在下列问题？

　　　　A. 中看不中用

　　　　B. 购买之后没有使用产品

　　　　C. 使用的次数较少

　　(3) 你认为你未来的工资会满足你的花费需求吗？

　　　　A. 足够　　　　B. 不够

　　(4) 未来你打算如何处理自己的钱？

　　　　A. 没有打算　　B. 有管理钱财的计划

八、请修改下面语句中画线部分在语言表达上的不当之处。

　　样本中，男性 11 人，占 25%，女性 33 人，占 75%，女生的比例多于男生。被调查者的年龄都在 18～30 岁之间，平均年龄为 22 岁。<u>大部分调查者来自北京大学，仅有 5 人，占 11.36% 来自北京地区其他高校。调查者的个人生源来自大城市占 47.73%，来自小城市占 50%，两者之间的比例几乎相同，仅有一人来自农村。</u>大部分被调查者的家庭收入是 10 万～20 万，占 34.09%。<u>大部分被调查者的首要经济来源来自于家庭供给，并以奖学金和课外做兼职为补充资金来源，另一方面，有一部分大学生以奖学金和课外做兼职为主要经济来源。</u>

第十讲　对比论证

学习目标
1. 学习对比论证的思路和方法
2. 掌握对比论证的常用语言形式

对比论证的思路和方法

对两个或多个事物、现象进行对比研究是一种常见的论文选题，如："中外网上书店比较研究——以当当网上书店与亚马逊网上书店为个案""大学英语传统视听说教学模式和网络交互式视听说模式的对比研究""历史发展的两条道路——欧洲与中国发展模式的对比：起源与历程""中美高中数学教育对比研究"等。

对比论证也称比较法、比较研究，就是把两种事物、现象加以比较后，分析它们之间的共同点和差异点，从而揭示事物的特征和本质，以得出相关论点的论证方法。

在进行对比研究时，首先要选取研究对象可以进行对比的内容，找到其共同点和不同点。例如要对比本科生和研究生的就业情况，那么可以选择就业率、工作性质、工作环境、工资水平、工作时间等方面的内容进行比较，观察本科生和研究生在这些方面有什么异同。再比如要对比北京和上海这两个城市，可以选择城市规模、历史、经济状况、生活习俗等方面的内容进行比较分析。论文写作最重要的就是提出总论点和分论点并加以论证，对比研究的总论点一般就是对比对象之间的异同，所选择的各方面对比内容就是分论点。

下面通过一篇例文，对比较类的研究课题如何构思布局总论点和分论点进行具体说明，其中加点句式是对比论证常用句式。

例1

中外网上书店比较研究 ——以当当网上书店与亚马逊网上书店为个案	题目明确是比较研究，比较对象是中外网上书店：当当和亚马逊。
据统计，网上销售这三年都呈现上升的趋势。……网上书店作为电子商务的一种典型代表，其销售情况亦然。如著名的当当网上书店，2004年4月的销售额比3月提高30%，"五一"的销售额是2003年"五一"的3倍左右。	
<u>和</u>传统书店<u>相比</u>，网上书店有其自身的优势，这是大家有目共睹的。而且随着我国网络信息基础设施建设的逐步完善以及电子商务环境的成熟，网上书店的访问量和成交量都将逐渐攀升。	和A相比，B……
但是，正如当当网联合总裁俞渝女士认为的那样，<u>影响和决定网上书店生存和发展的"三年前是这些老三样，三年后还是这些老三样</u>，但是情况有很大的改观。<u>所谓的老三样就是信息流、资金流和物流</u>。"信息流包括商品信息的提供、促销营销、技术支持、售后服务等内容，也包括诸如报价单、询价单、付款通知单等商业贸易单证，还包括交易双方的支付能力、支付信誉、中	借用业界权威人士的话语指明"老三样"仍是影响和决定网上书店发展的重要因素。

介信誉等；资金流指资金的转移过程，包括付款、转账和兑换；物流指实物配送和输送渠道。本文主要从这3个方面将国内的当当网上书店和亚马逊网上书店进行比较，找出两者的差距，从而得到一些有利于我国网上书店发展的启示。

阐明本文要从"老三样"这3个方面进行对比。

1. 基本情况

美国的亚马逊网上书店可以说是电子商务B2C模式的突出代表。从1995年贝佐斯创办亚马逊至今，亚马逊已经成为网上书店界，乃至电子商务领域的一面旗帜，是世界公认的网上书店的领头羊。国内的当当网上书店从1999年建立，经过一番激烈竞争，最终脱颖而出，成为中国网上书店一块响当当的牌子。2002年在传统书店和网上书店的统一排名中，当当是唯一进入前五名的网上书店。它基本能代表中国网上书店B2C模式的发展水平。

分别说明亚马逊和当当的基本情况及其代表性。

表1 当当网上书店和亚马逊网上书店的比较

	亚马逊网上书店	当当网上书店
创办时间	1995年7月	1999年11月
总部所在地	美国西雅图	中国北京
宣布盈利时间	2001年第四季度	2001年9月
商品品种	图书、音像、办公用品、玩具、厨房以及野外用品、药品保健品、服装首饰等	图书、音像、软件、游戏
图书种类	约400万种	30余万种
顾客覆盖面	全世界220个国家和地区	中国海峡两岸和港澳地区以及欧美、东南亚的中文读者，号称拥有300万顾客
资本构成	KPCB创投公司、贝佐斯	美国IDG集团、卢森堡剑桥集团、日本软库、中国科文公司

通过表格形式对两个网上书店的具体信息进行比较，一目了然。

从表1中可以看出亚马逊网上书店和当当网上书店的基本情况。<u>在创办时间上，当当比亚马逊晚4年，但两家书店几乎在同一时间宣布赢利</u>，这主要是不同的国情和经营观念在一定程度上促使它们选择了<u>不同的赢利模式</u>。	特别指出两家书店创办时间不同但赢利时间相近，原因在于两者不同的赢利模式，引起下文。
<u>亚马逊</u>最初依靠销售图书起家，并迅速获得了成功。出版物销售增长的同时，亚马逊也在迅速扩大着商品经营的种类和范围。经过了一系列的收购兼并，亚马逊从最初单一销售图书、音像到后来经营宠物、药品，再到如今出售服装、首饰。亚马逊正努力在最短时间内成为网上消费者的巨大平台，已经不能简单地称它为网上书店，其实用网上百货店形容它似乎更符合现状。	分别阐述亚马逊和当当的经营种类和范围。
<u>而当当</u>目前还是个纯粹意义上的网上书店，经营销售的商品全部属于出版物，如图书、音像等。当当探索的赢利模式是"坚定地做图书、音像为主要商品的零售业"。<u>与</u>亚马逊不惜血本迅速扩张<u>相比</u>，当当<u>更</u>倾向于稳扎稳打的发展方针：先做到赢利，给自己吃"定心丸"，再谋求发展。	A……，而B…… 与A相比，B更……。比较二者的赢利模式，得出结论。
2. 信息流的比较	
<u>和</u>传统书店<u>相比</u>，信息流的畅通以及信息的透明带给用户的便利，是吸引人们选择网上书店购物的重要因素。因此，如何完善信息流的内容及其流通，是网上书店目前和今后必须狠下苦功的方面。	比较分析两者第一个方面即信息流的情况。

从广义上来说，<u>信息流主要包括商品信息的提供、促销营销、技术支持、售后服务等几个方面</u>。 　　**2.1 信息的提供** 　　衡量网上书店信息提供成功与否，主要看其提供的信息量、信息内容、检索功能及个性化服务等几个方面。 　　**1）提供的信息量及信息内容** 　　<u>亚马逊</u>不断扩大自己的经营品种和范围，它的目标是"经销全世界所出版的每一种图书"。目前，通过与书商合作，亚马逊能提供 300 万种图书，其中包括 100 万种绝版书，庞大的书目数据库几倍于其他图书销售商。亚马逊还在网上提供详细的资料，充分解释商品信息。…… 　　亚马逊提供的书评是自己的一大特色。书评主要来自书的作者、出版者与读者，从不同角度以不同方式来撰写书评，以便对一本书提供多角度的分析与评价。亚马逊对撰写书评提出了具体要求，撰写书评的人都要遵循特定的要求。…… 　　<u>当当</u>与科文合作，用 3 年时间开发了"中国可供书目"（CNBIP）动态数据库，现能提供 30 多万种图书信息。<u>在图书信息的提供上，当当把亚马逊的图书信息设置作为榜样，提供的图书信息和亚马逊上述的几部分大同小异。但遗憾的是，当当却未能学到精髓，罗列的不少图书信息缺乏实实在在的内容。特别是读者书评不仅数量少而	先阐述信息流的重要性，然后再进一步细化信息流的内容，从信息的提供、促销与营销等方面分别进行比较分析。 先分别说明亚马逊和当当提供的信息量和信息内容情况。 然后对比二者在图书信息提供上大同小异，但当当有所不足。

且质量低，甚至有的读者只写了几个英文字母也被当作书评放到网上，根本无法起到应有的导购作用。这需要编辑人员进行把关，否则只会有损网站的形象。

两者在图书信息方面存在差距的主要原因在于：一是缺乏与出版社以及专业公司的合作。……二是国内专业公司提供信息的水平仍较低。亚马逊的图书信息主要是由专业公司来完成，亚马逊购买信息，经过加工再提供给用户。而在国内目前从事信息收集工作的公司仍比较少，提供信息的方式也很死板，比如科文数据，提供的图书只有书名、出版社、作者、ISBN号等，根本无法满足网上书店的信息要求。

> 分析两者存在差距的主要原因，先提出原因，再分别阐述亚马逊和当当的情况。

2）信息的检索功能

在搜索引擎的设置上，亚马逊不断更新其技术设备，使用最先进的网络服务器，以增加搜索的速度。……在具体做法上，亚马逊不仅设计了丰富的检索入口，而且在这些入口的位置和层次的设计上也下了很大的功夫，以方便读者。……这些方式适合经常在网上书店闲逛的人，只要他们输入任意自己感兴趣的关键词就能找到大量相关的商品信息，十分方便。

当当网上书店除了提供分类浏览、目录导览，还有快速关键词检索，以及组合检索，按照商品的种类、名称、作者/导演/演员名、出版

> 在对比两者的信息检索功能时，先从搜索引擎设置和具体做法两方面介绍亚马逊的情况，然后介绍当当的情况。

发行机构、出版日期、折扣范围和售价范围来划分。这样的检索更有利于已有购买欲望的顾客迅速找到商品，节约时间和精力。 可见，当当与亚马逊的信息检索各有千秋，都力求做到使读者的信息检索方便、迅速、快捷。 3）个性化信息服务 这一项服务由于费用较高，很多网站都不提供。亚马逊提供了"点即通"（1-click）服务。顾客注册后，亚马逊会自动记忆其IP地址，当顾客再次访问时会直接进入"个人商店"。…… 当当是国内开展服务较好的一家网上书店，在个性化服务方面当当也在努力向亚马逊学习。比如，当当推出了e周刊订阅，顾客只需在感兴趣的类别前的小框上轻轻一点，当当就会记录下顾客的兴趣，然后顾客输入自己的E-mail地址，当当会定期为顾客发送相关的商品信息，不过e周刊的工作效率却不尽如人意。总的来看，当当提供的个性化信息服务还只是些基础服务，没有亚马逊那样的个性化服务，特色服务也不够完善。因此与亚马逊相比，当当在提供个性化服务方面还存在着不小差距。 2.2 促销与营销 贝佐斯曾说，地段是传统书店成功的重要条件，而对虚拟的网络书店，品牌则是最为重要的。亚马逊非常注重对自己网站的促销与宣传，	总结二者对比结果：各有千秋及共同点。 对比二者个性化信息服务情况时，先介绍亚马逊的情况，再介绍当当的情况。 总的来看，A没有B…… 总结二者对比结果。 对比二者促销与营销情况，先介绍亚马逊的情况。

除了以清爽的页面中丰富的图书信息作推销与宣传外，亚马逊还将销售收入的 24% 用于广告和其他方式的宣传上。……除此以外，<u>亚马逊还借用网络的独特威力来推销自己</u>。……<u>亚马逊这种做法</u>确保了其广告预算能和销售收入结合在一起，降低了经营风险，形成了有效而廉价的在线交叉营销。根据统计，亚马逊每赚 1 美元，广告费就花掉 36 美分，而传统书店只花 4 美分。	
<u>与亚马逊相比</u>，<u>当当</u>对自身网站的推销以及广告投入力度显然要逊色不少，不但宣传只局限于网络，而且缺乏力度。新浪、网易和搜狐三大门户网站上很少出现当当的网上链接广告。当当也推出了连锁加盟，用经济回馈鼓励网站与当当创建链接。这在一定程度上提高了网站的访问量，<u>但树立品牌、推销自身仅仅依靠这一点还远远不够</u>，应适当加大在网络以外的媒体的广告投放，充分利用各种媒体的互动宣传造势。	再介绍当当与亚马逊相比有什么不足。
2.3 技术支持 在技术支持方面，<u>亚马逊和当当都</u>做到了充分从顾客角度考虑，为顾客提供全方位技术问题的解答。<u>亚马逊</u>专门提供了一个 FAQ (Frequently Asked Questions) 页面，回答用户经常提出的一些技术问题，像如何进行网上支付、对于运输费用顾客需要支付多少、如何订阅脱销书等。如果有特殊问题需要公司解答，公司还会安排人专门为你解答。	在对比二者的技术支持情况时，先总体概括二者的共同点，再分别介绍亚马逊和当当的具体做法。

当当在其各页面的右上角设了"购物演示""购物指南",下部设立了"购买商品""我的订单"专门解答顾客的问题。如果顾客有任何问题在购物指南中无法找到答案,或有任何问题不清楚,还可以通过 E-mail、电话、传真等方式与当当联系。

2.4 售后服务

亚马逊预先考虑到各种可能出现的情况并提出相应的对策,比如对于比较棘手的错误索价、退书或调书等要求都做出了明确的规定,并把这些内容以及其他服务内容在网上公开,使读者对自己的定购以及对亚马逊的服务方式了如指掌。……亚马逊的售后服务巩固了对顾客的承诺,使顾客增加了对亚马逊网上消费的信心。

> 在对比二者的售后服务情况时,先介绍亚马逊的做法和效果,然后介绍当当的做法。

当当也在其网页上明确注明有关售后服务的内容,如退换货的规定等。如果顾客提交订单中的商品全部缺货,当当会取消其订单,并通过 E-mail 通知顾客;……

尽管当当对退货作了明确的说明和承诺,但是由于各种现实因素的影响,读者在发现问题后,来退货的并不多。主要原因在于退货方面复杂的手续使得读者望而生畏;……今后,当当在退货服务方面还需要进一步考虑到这些现实因素,并采取一些应对的措施,否则退货承诺很可能成为一纸空文。

> 指出当当的不足之处并分析原因,提出相关建议。

总的来说，亚马逊与当当都比较注重售后服务，力求做到使顾客放心，以增加顾客对自己书店的信心。但是当当在这方面还需进一步结合各种可能对读者的售后服务如退货等造成影响的因素，采取更实际的解决措施。	总结对比结果，指出二者的共同点和当当的不足之处。
3. 资金流　　在付款方式上，亚马逊的顾客可以选择信用卡、现金汇款或支票等方式。……由于美国社会信用体系比较发达，目前亚马逊普遍采用的是网上结算的方式。　　当当对国内顾客采取送货上门 / 货到付款、邮局汇款、银行电汇、支票付款、招行网上支付、建行网上支付、工行网上支付和首都电子商城网上支付等方式。……在支付安全方面，当当承诺在线支付使用的支付平台，是由银行和相关金融部门提供的，非常安全。……	在对比二者的资金流时，先介绍亚马逊的付款方式及美国信用体系，然后介绍当当的支付方式。
但是实际上，当当目前仍较多采取"在线订购，离线交易"这种变相的邮购方式，信用卡消费所占的比例还不是很大。我国整个销售额当中，无论是网上、网下、餐馆、酒吧、酒店，信用卡完成的零售额还不到整个零售额的 1%；而美国在整个零售额当中，信用卡支付大概是 40%以上。这首先是由于国内的支付系统和安全保障体系不够健全，消费者对网上交易还不是很信任；其次，我国的信用卡普及度不高，刷卡消费还没有成为一种消费习惯，国人更倾向于传	指出当当在支付方面的不足，通过对比中国和美国的信用卡使用情况进行论证。

统的邮局汇款方式。

4. 物流

在物流配送方式上，<u>亚马逊和当当</u>采取的方式相差不大，都是依靠以下几种方式：组建自己的物流配送队伍；邮政配送体系；选择第三方物流。<u>但是由于中美两国在物流配送水平上的差距，两者在具体做法上仍有一些差别。</u>

4.1 自建物流配送体系

亚马逊的网上书店物流配送体系始终以"顾客满意"为宗旨。到 1999 年，亚马逊在美国（乔治亚、堪萨斯、内华达、特拉华等州）、欧洲和亚洲共建立了 15 个配送中心，面积超过 350 万平方英尺。……**亚马逊认为**，配送中心是能接触到客户订单的最后一环，同时也无疑是实现销售的关键环节，他们不想因为配送的失误而损失任何销售机会。这一做法未必可以推广，但这说明，对电子商务来讲，物流配送对整个电子商务系统具有决定性的意义。

<u>**当当**</u>对于建立自身的物流配送体系也很重视。2000 年，当当继续在配送系统的改善上投入资金。在北京新建 10000 平方米的配送中心，该中心运行后，大大提高了订单满足率。<u>但是由于配送中心的建立需要大量的资金投入，当当**在自身的配送中心的规模以及数量上**，仍**无法与亚马逊相比**</u>，在选择配送中心的地点和数量上也相当谨慎。

在对比物流情况时，先阐述两者的共同点，然后分别介绍两者在具体做法上的差别。

一是二者在自建物流配送体系方面的差别。

A 在……上，无法与 B 相比

4.2 利用第三方物流

为了满足业务快速增长的需要，除了建设自身的配送中心，<u>亚马逊与当当</u>也很重视利用第三方物流，以保证高效率的物流配送的实现。<u>在具体做法上</u>，<u>亚马逊</u>与 UPS、DHL 公司合作提供全球快递服务。……**当当**通过快递公司来配送图书，在北京现有 9 家快递公司负责当当的送书业务。当当还接受了电子商务第三方物流——安讯网达的配送服务。

在对比二者利用第三方物流情况时，先说明二者的共同点，再分别说明二者在具体做法上的不同。

4.3 其他配送方式

为了将互联网上虚拟的物流转变为现实中的物流，<u>亚马逊</u>开始考虑与传统的连锁书店的合作。……

当当也开始尝试与传统书店的合作。2002 年中秋、国庆双节来临之际，当当与新华书店总店联合推出为期两周的"2002 年秋季网上特价书市"。对此，有人指出，经过 3 年洗礼，当当在国内网上书店力克群雄，傲居第一，此次秋季书市品种之多，价格之低，在国内出版界罕见，充分表明其与新华书店强强联合的实力。<u>但是与亚马逊相比</u>，**当当**与新华书店此次的合作仍属于较低层次，还处于探索阶段。

在对比二者其他配送方式情况时，先说亚马逊的情况，然后指出当当也有同样情况，但相比亚马逊还存在不足。

4.4 配送时间

关于配送方式，**亚马逊**根据消费者的支付能力和要求，提供 3 种费率不同的送书方式，即快递、空运和海运。……交货时间的长短反映了配

在对比二者的配送时间时，先介绍亚马逊的配送方式及时间。

送系统的竞争力，亚马逊快捷的配送受到了用户的欢迎。	
在配送方面，<u>当当</u>为大陆地区的用户提供了送货上门、大陆平邮、EMS 特快专递，为港澳台地区的用户以及海外提供了平邮和空运两种送货方式。当当在配送方面采取多种灵活方式，适应了目前国内的物流状况。<u>但是由于中美物流发展水平的不同导致了当当平均的配送时间要比亚马逊慢</u>。相信随着我国物流的发展，两者在这一方面的差距会有所缩小。	然后介绍当当的配送方式。比较了二者的配送时间，指出当当的平均配送时间比亚马逊慢。
<u>总的来看，在物流配送方面，由于自身经验的不足，再加上中国物流系统的不发达，与亚马逊相比，当当在这方面仍有差距</u>，在配送上也走了一些弯路，发生了一些用户不满意的情况。……	总结二者在配送方面的对比结果，指出当当的不足。
5. 结束语 <u>从上面的对比中，我们发现当当在许多方面</u>都致力于以亚马逊为模范，学习借鉴它的经验，并力求完善，缩小与亚马逊的差距。尽管如此，<u>当当与亚马逊在信息流、资金流以及物流等环节上还是存在着不小的差距</u>。毕竟我国的具体国情与美国有所不同，机械地模仿亚马逊是不现实的。当当以及其他中国的网上书店还应该继续努力探索适合中国国情以及自身发展的方式。 （谢新洲、郑幼智，《情报理论与实践》2005 年第 2 期）	论文最后对全文进行总结，总结前面各方面的对比结果，得出总论点。

从上面对这篇论文的分析可以看出,在对每个分论点进行论证时,要按照一定的顺序阐述 A 和 B 两个研究对象的相同点和不同点,可以先说 A 的特点,再说 B 的特点,也可以先综合说明 A 和 B 的共同点,再说不同点。下面再看一些其他的例子。

例 2

从作品<u>《活着》</u>中,我真正感受到的是向上而乐观的生命意识。……<u>而《老人与海》</u>中,老人桑提亚哥面对现实所展现出的是一个乐观精神屹立不倒的"硬汉子"形象。

人们常说,命运总是惊人地相似,在两位作家的作品中,仿佛能看到生活在不同时期、不同国度中背负着相同命运的同一类人。<u>之所以这么说</u>,是因为我看到了他们身上体现的积极乐观的人生态度,以及面对艰辛困难时所表现出的无所畏惧、勇往直前的行为,<u>都是如此地相似</u>。

例 3

龚自珍、魏源是中国封建社会末期的两位杰出诗人,以"龚魏"并称。他们创作的山水诗富含时代特征,反映个人的思想情志,很有特点和价值。<u>不仅有诸多差异,亦有多处相似</u>。对这两位诗人的研究有助于更加深入而全面地认识龚魏二人及其山水诗。<u>本文将就二者山水诗在诗歌内容、思想感情和表现技巧方面的相似之处及其原因,分别进行探析</u>。

例 4

数据显示，美国、加拿大等国自感幸福的人群在 2000 年以后呈下降趋势（图 4、表 1）。在发展中国家中，伊朗等多数国家呈上升趋势。那么，为什么发达国家与发展中国家的幸福感变化呈现出两种不同的趋势呢？

经济增长和幸福感饱和，解释了发达国家和发展中国家幸福感趋势出现差别的部分原因。从经济水平的宏观观测角度看，发达国家的社会行为模式趋于稳定，如消费和生活态度等。相对于民众有增无减的幸福感预期，宏观经济水平的提升对民众个体的生活并无实质性提高。例如，美国经济基础较好，但对与社会福利、消费有关的生活变化并无实质影响，这就造成其国民幸福感增长趋势的停滞。自感幸福的人群呈下降趋势是受微观因素的影响，金融危机使美国人的收入中位数自 2000 年以后下降了 7%，预期收入减少与失业等社会压力相互结合，造成幸福感的下降。与此相反，发展中国家在经济快速增长过程中，市场和经济活力上升的潜力较大，就业和福利的相对变化空间非常大。这种变化在短期几年内就会出现，这些惠及国民的真实感受激发了生活态度的转变。所以，这可以解释为什么发展中国家在经济快速发展的同时，国民幸福感出现了相应提升。

对比论证常用的表达方式

在进行对比论证时，下面这些句式是学术论文写作中常用的表达方式：

（1）A 的……多于 B

（2）与 A 相比，B……

（3）A 较之于 B 更……

（4）A 和 B 在以下几个方面存在差异

（5）与 A 不同的是，B……

（6）A 和 B 均……

（7）A 与 B 的相似/差异之处在于……

（8）通过比较发现，A 没有 B……

（9）本章分别阐述了 A 和 B 在……方面的情况，可以发现……

（10）A……，而 B……

（11）A……，B 也……

（12）A 和 B 既有相同之处，也有不同之处

下面再通过几个具体例子学习对比论证常见的表述方式：

1. 智商高的人<u>更</u>有可能关爱自己的健康，他们吸烟的可能性<u>较小</u>，在生病时会主动求医等。

2. 唐宋之际，茶<u>较之于</u>酒<u>更</u>得文人雅士之青睐，原因很多，也很复杂。

3. <u>与男性员工相比</u>，工作压力和家庭压力会使女性员工陷入<u>更为</u>严重的工作—家庭冲突，而且女性员工<u>也更</u>可能因为工作影响家庭而降低对工作的满意度。

4. <u>通过比较发现</u>，"就"的句法位置<u>更加</u>灵活多变，受约束的条件<u>更少</u>。

5. 图 1 <u>和</u>图 2 <u>相比</u>，<u>有三点不同</u>：一是……；二是……；三是……

常见问题例释

本科留学生在写对比类论文或进行对比论证时，常出现如下一些问题。

一、在写对比类论文时，往往只分章节分别阐述 A、B 的情况，没有提炼出分论点即要对比的几个方面。

如例 1 是一篇学生论文的框架，题目是对比小说中的两个人物形象，但论文的主体第三、四章在对比时的思路是分别分析两个人物，3.1 和 4.1.1、4.2.1 是分析南海鳄神的人物形象和特点，3.2 和 4.1.2、4.2.2 是分析慕容复的人物形象和特点，只有 4.3 节是将两个人物放在一起对比其善恶。整体上没有将人物形象要对比的分论点提炼出来作为小节标题，如身世、性格、武功、人生追求、善恶观念、结局、评价等，并围绕这些分论点对比两个人物的相同点和不同点。此外，第四章的大标题"情节分析"既与 1.4 内容有重复，又与下面的小节内容不太相符。

例1

《天龙八部》中南海鳄神和慕容复人物形象对比

一、引言
  1.1 选题背景
  1.2 研究目的及意义
  1.3 研究对象
  1.4 情节概述
二、前人研究综述
  2.1《天龙八部》的悲剧意识
  2.2 主要男性形象的分析
三、人物形象解析
  3.1 南海鳄神的人物形象
    3.1.1 性格与处事
    3.1.2 人物评价
  3.2 慕容复的人物形象
    3.2.1 家世与武功
    3.2.2 人物评价
四、情节分析
  4.1 人生的追求
    4.1.1 名位之偏爱
    4.1.2 复国之重担
  4.2 人物的结局
    4.2.1 赴死之壮烈
    4.2.2 精神之疯魔
  4.3 两者善恶的对比
五、结语

例1 修改

《天龙八部》中南海鳄神和慕容复人物形象对比

一、引言
  1.1 选题缘由
  1.2 研究对象
  1.3 研究目的及意义
二、相关研究综述
  2.1《天龙八部》的悲剧意识
  2.2 金庸武侠小说中男性形象分析
三、南海鳄神与慕容复人物形象对比
  3.1 家世与武功
    3.1.1 相同点
    3.1.2 不同点
  3.2 性格与处事
    3.2.1 相同点
    3.2.2 不同点
  3.3 人生追求
    3.3.1 相同点
    3.3.2 不同点
  3.4 善恶观念
    3.4.1 相同点
    3.4.2 不同点
  3.5 人物结局
  3.6 人物评价
四、结语

再如例2这篇探讨共享经济的论文框架,虽然题目没有明示是对比研究,但论文主旨是要通过对比中国与其他国家的共享经济发展状况,希望各国互相学习,弥补不足,更好地发挥共享经济的优势。作者在构思这篇论文时,也存在与例1同样的问题。请对比下面例2修改前后的思路,体会如何布局对比类论文结构。

例2

论共享经济的发展

一、引言
二、共享经济的概念
三、世界共享经济的发展现状
　　(一)中国的共享经济
　　(二)外国的共享经济
　　　　1. 北美的共享经济
　　　　2. 欧洲的共享经济
　　　　3. 亚洲的共享经济
四、中国与外国共享经济的对比
五、结语

例2修改

论共享经济的发展

一、引言
二、共享经济的概念
三、世界各国家和地区共享经济发展状况比较
　　(一)共享经济的出现背景
　　(二)共享经济的现有规模
　　(三)共享经济的管理和赢利模式
　　(四)人们对共享经济的态度
　　(五)共享经济的发展趋势
四、讨论与建议
五、结语

二、用较大篇幅罗列对比对象的信息,不会使用图表等方法简明扼要地呈现相关内容。

如例3在对比安卓与苹果手机系统时,虽然是围绕手机系统各方面品质来进行比较,但是对比的很多信息是一些客观数据。这些数据信息并不需要讨论,分很多小节来呈现占用了篇幅,淹没了要重点阐述的论点,导致论文的研究问题和研究目的都不明确。如果修改的

话，对于系统是否收费以及界面、屏幕素质、数据存储容量等信息的对比，完全可以像前文对比亚马逊和当当网上书店基本情况那样通过一个表格来呈现。假如论文的研究问题是通过对比安卓和苹果手机系统来探讨手机系统的哪些方面更容易影响消费者的体验，同时明确研究方法是面向手机消费者的问卷调查，那么在用表格展示两个手机系统的基本情况后，重点选取可能影响消费者使用体验的方面，分别比较消费者意见的异同，最后得出结论哪个系统应用更好。

例 3

安卓与苹果手机系统的横向对比

1. 系统应用 APP

　　1.1 用户使用频率

　　1.2 免费 vs. 收费

2. 系统界面 UI

　　2.1 界面 UI 美化

　　2.2 用户使用满意度

　　2.3 老人是否容易上手

3. 屏幕素质对比

　　3.1 用户对色彩显示的满意度

　　3.2 屏幕三防（防水、防摔、防尘）

4. 云端数据储存

　　4.1 免费云端存储容量

　　4.2 价格套餐是否合理

5. 系统安全管理

　　5.1 手机信息存储的安全

　　5.2 支付信息存储的安全

:: 练习 ::

一、什么是对比论证？对比论证要注意哪些问题？

二、请按照对比研究的思路讨论下面这篇论文的提纲存在什么问题，并尝试对论文的框架进行调整修改。

国内外手机品牌的经营状况对比分析
——以华为、小米、苹果、三星为例

1. 全球手机品牌的发展过程
   1.1 国内手机品牌特点
   1.2 国外手机品牌特点
2. 国内手机品牌
   2.1 华为
      2.1.1 公司概况
      2.1.2 创新能力及专利
      2.1.3 公司的黑暗时期
   2.2 小米
      2.2.1 公司概况及发展
      2.2.2 产品分类
      2.2.3 市场占有率
      2.2.4 创始人雷军宣布造小米汽车
3. 国外手机品牌
   3.1 苹果
      3.1.1 公司背景

　　　　3.1.2 智能手机的开拓者
　　　　3.1.3 一家独大的 iOS 系统
　　　　3.1.4 生态链的布局
　　3.2 三星
　　　　3.2.1 公司历史及发展状况
　　　　3.2.2 研发技术的投入
　　　　3.2.3 市场占有率
4. 国内和国外手机品牌的机遇及挑战
　　4.1 华为和小米达成全球专利交叉许可协议
　　4.2 核心技术的交换
　　4.3 线下店的布局
　　4.4 苹果和三星在中国及全球市场的挑战
5. 市场比较
　　5.1 国内和国外手机品牌的市场份额对比
　　5.2 消费者满意度对比
　　5.3 研发新技术的投入及成就对比
6. 结语

三、从下面的主题中任选一个，运用常用的对比论证句式写一段话进行比较分析。

　　1. 微信与脸书（Facebook）的异同
　　2. 中外大学生课余打工状况比较

四、请修改下列语句在语言表达上的不当之处。

1. 社会效益，和经济效益比，内涵更多的因素。

2. 我将会将我的想法分成以下两部分做了浅析。

3. 本论文将探讨而解释预算管理体制中分税制和转移支付制度，与西方国家相比得出中国预算改革的问题。

4. 本文即将对中国春节与泰国宋干节的传承与演变对比分析。在本文中，希望通过这两个节日对比，更加深入了解国家不同文化的特点，更好地促进中泰两国人民的文化交流。

5. 本人也认为中国本科生学习态度好，反过来日本本科生好像并不拘泥于认真学习。日本教育家对于日本大学生学习态度、情况的研究较多，但大部分止于对比过去的数据与现在情况而导致结论，与国外大学的情况对比的研究相对薄弱。

6. 他的这句话中，能看出来不仅 KBS，大多的电视台遇到了收视率不断下降的问题，甚至遇到了生存问题。该论文中，笔者通过经营、规定、策略方面，分析 KBS 电视台目前存在的问题，并且通过与奈飞和 YVN（韩国民间电视台企业）等其他媒体平台的对比，提出具体的解决方案。

7. 中国哲学不像西方哲学一样，例如黑格尔、康德等哲学家提供了一种逻辑导向的严格的美学知识理论，而是更注重以人生境界为中心的人生论和价值论。中国哲学的最高境界就是"不可言说"。因此中国美学的"美"并不是与西方一样的，而更主张的是"美在意向"。

8. 有关微信好友数量的调查数据见图 1 和图 2。如图 1 所示，绝大多数女生有大于 100 的微信好友，其中最多数女生（26.29%）有 150～250 的微信好友，23.20% 的女生有 50～100 个。相反，从图 2 可以看出，绝大多数男生有少于 100 的微信好友。微信好友为 50 以下的男生的比例达到 33.96%，并且和女生的完全不一样的部分是微信好友为 500 以上的男生差不多为 0%。

9. 此研究的价值在于有助教育人员日后为留学生之学术汉语写作课设计更具针对性的教学方案，对提升留学生学术汉语写作能力有所帮助。

10. 截至 2018 年 7 月份，共封禁违规账号有 113 万余个，查删拦截有害短视频有 810 万条。恶劣的同质化内容批量生产，产生恶性循环效应，把真正高质量的内容严重地低估了，妨碍短视频行业的发展。

第十一讲 论文的结语

学习目标

1. 学习论文结语的写法，了解结语一般包括哪些内容
2. 了解结语与引言、摘要的区别
3. 学习论文结语常用的句式

结语的作用

完成论文的论证部分之后就该写结语（结论）了。结语既好写又不好写。说它好写，是因为结语会重述前面的主要内容；说它不好写，是因为结语不是前面内容的简单重复或者完全重复，而是需要总结与提升。

结语是对论文主要研究结果、论点的提炼与概括，是最终的结论，应简明扼要，有条理性，使人看了之后就能比较清晰地了解论文的主要内容和所做的创造性的工作和观点。好的结语一定可以加深读者的印象。

结语的构成

结语主要包括两部分：一是综述论文采用什么论据证明了什么观点，提炼概括论文的论证结果；二是提出解决某问题的合理建议、还存在哪些不足，指出未来还可深入研究的方向等。

例 1

汉服饰文化的审美价值

汉服作为华夏文明的重要载体，是中华民族绚丽之花，数千年的文化传统，使中国以礼仪之邦文明于世。受其影响，传统中国人在服饰生活上表现出端庄、大方、和谐、含蓄等特点。对于当代，一方面要继承吸取中华民族传统文化的精髓，抛弃不合时宜的思想，另一方面也要吸取西方服饰造型中科学合理的设计元素，注重服装的多元化和个性化的发展，使我国服饰的发展既孕育东方美又跟随着世界的时尚前沿。

（王思涵，《大众文艺》2014 年第 18 期）

例 2

基于微信公众号的企业文化传播研究
——以"金茂文化"为例

随着微信平台的快速发展，运营微信公众号已成为众多企业开展文化传播工作的"标配"。但是，企业在运营微信公众号的过程中，存在自动回复更新不及时、内容与企业文化内涵关联度不够高、表现形式分布不够均衡、互动性有待提高等问题。究其根源在于编辑团队缺乏内容整合能力、运营团队情感连接意识较为薄弱、企业与用户互动机制不够完善。因此，企业应通过打造专业的运营团队，增进用户对企业文化的认知；不断增强运营者的情感连接意识，激发用户的情感认同；打通线上线下传播渠道，促进用户的交流互动，从而促进企业文化有效地传播。

（郭朋玉，《今传媒》2024年第2期）

例3

手机成瘾的大学生自我损耗对抑制控制的影响

综上所述，情绪损耗和认知损耗对手机成瘾者的影响有一定的共性，但也存在一定的差异。首先两种损耗都会导致个体的抑制控制能力降低，但在情绪损耗的影响中可以排除手机成瘾个体特征。而在认知损耗中，手机成瘾者在抑制优势反应的任务中表现更差，尤其是在高认知损耗情况下，而在非成瘾者中这种差异并不显著，这说明手机成瘾者在认知加工方面可能存在着障碍，有待后续进一步探究。本研究存在以下不足：①被试均为师范类大学生，样本有一定的局限性，未来研究应扩大样本，并考虑被试异质性等问题；②在手机成瘾筛查时，仅使用主观报告的量表法，结果存在一定的偏差，在后续研究中，应注意个体行为研究，比如对个体手机使用时间进行筛查，或者对个体手机中APP应用频率及时间进行筛查，结合多方面信息，综合对手机成瘾者与非成瘾者进行筛查。

（吴怡霖、冯喜珍、姬梦璇，《中国心理卫生杂志》2024年第3期）

结语写作要点

在写结语时,一定要有全局观,具体来说要注意四点:

第一,与引言呼应,回应引言所提出的问题。由于结语是文章主体内容最后一部分,读者已经了解到研究背景等内容,所以一般不再重述引言中的选题缘由等与研究背景相关的内容。

第二,与论证部分相照应,重述论证部分所得出的结论。这是结语的核心内容,需要详细说明,但需注意不要与摘要的语言重复。摘要是全文内容的浓缩,结语重在总结结论。

第三,可以从更高的视角出发,指出需要进一步研究的课题或者论文研究的不足之处,为读者提供进一步的思考,了解未来还有哪些值得进一步探讨的空间。

第四,因为结语是研究已经完成之后才撰写的,要使用"已然"的表达句式,如"文章得出了以下结论:……""本文探讨了……问题""这说明了……"。

结语的结构与常用句式

结语所包含的语步以及常用句式如下表所示:

表 11.1 结语的结构与常用句式

语步	所含内容		常用句式
语步一	总结研究结果	总结并重述本文的研究结论	(1) 通过……，我们发现…… (2) 从上文的研究可以看出，…… (3) 基于调查研究，本文得出了如下结论：…… (4) 总之／总而言之／综上所述／可见，…… (5) 首先……其次……最后…… (6) 第一……第二……第三……
语步二	评价这项研究	说明本研究的意义、创新之处	(1) 本研究对……有借鉴意义。 (2) 本文的创新之处主要在于…… (3) 本研究可以为……提供参考。
		评价本研究的方法	在研究方法上，本文……
		具体说明本研究的局限性，指出进一步研究的空间	(1) 本研究的不足之处在于…… (2) 受……的限制，本文尚未…… (3) 未来，我们将进一步探讨……方面的问题。 (4) 在后续研究中，……
语步三	研究启示或建议	提出应用性强的建议	(1) 本文的研究成果可以应用到教学中…… (2) 根据本文的研究结果，我们提出如下建议：…… (3) 因此，应该……
		提出本研究所引发的进一步的思考或对相关研究的启示	(1) 本文的研究对……有一定的启示…… (2) ……还应该……

如果将结语部分细分为结论与余论，则语步一属于结论，其他语步属于余论。

结语可长可短，期刊论文中短的结语只有一个自然段，长的则可以有三四个自然段。

例 4

中外网上书店比较研究
——以当当网上书店与亚马逊网上书店为个案

从上面的对比中，我们发现当当在许多方面都致力于以亚马逊为模范，学习借鉴它的经验，并力求完善，缩小与亚马逊的差距。尽管如此，当当与亚马逊在信息流、资金流以及物流等环节上还是存在着不小的差距。毕竟我国的具体国情与美国有所不同，机械地模仿亚马逊是不现实的。当当以及其他中国的网上书店还应该继续努力探索适合中国国情以及自身发展的方式。

（谢新洲、郑幼智，《情报理论与实践》2005 年第 2 期）

例 5

综上所述，首先，我们可知因女生心理比较多愁善感，更加追求情感的释放和分享，微信平台上的女大学生用户活跃度明显高于男生，主要表现在微信好友数量、使用时长、朋友圈使用程度、参与互动频率等诸多方面。其次，调查分析结果显示，女大学生较为注重微信朋友圈中的自我互动与人际交往，但对"漂流瓶""摇一摇"等结交陌生人的功能却并不喜爱。随着"微时代"的到来，我们开始逐渐倾向于"能点赞就不评论、能语音就不发文字"的交流方式，但是这种广受欢迎的交流方式却并不能完全满足我们对于人际交往的需求，我们仍需寻求多渠道表达，发现促进人际交往的有效方式。最后，笔者认为女大学生面对心理认知偏差时会导致心理压力，应加强自身修养，排除心理障碍，提升自我价值感。此外，高校也应丰富校园文化生活，并随时跟踪女大学生的人际交往情况，针对女大学生的人际关系问题，开设心理健康教育、人际交往策略等有关课程，对女大学生进行人际交往能力培养。

总之，微信作为当下最重要的社交工具仍具有诸多不足。因此，我们可以探索其他渠道来满足公众的人际交往需求和个体自由交流的需求。以后，也可以针对女大学生的自我互动与人际交往这一主题推出与其他社交平台的对比研究。

常见问题例释

一、语言不够学术化。如果把文章得出的几点结论用一个长句子说完，就容易出现语言表达问题。如：

例1

综上所述，本文根据具有代表性的公司探讨了集成电路现状以及发展趋势，发现各产业都有各自的特点，并且能够明确未来集成电路的发展趋势是缩小化、轻量化、电容量大、充电快，并且研制新类型芯片为主（类脑芯片和量子计算机），本文并没有举出各个公司正在面对的问题，有望等待后人来研究此部分内容。

修改后：

综上所述，本文以几家具有代表性的公司为例探讨了集成电路的现状以及发展趋势，发现各产业都有各自的特点，未来集成电路的发展趋势是缩小化、轻量化、电容量大、充电快，并且以研制新类型芯片为主（类脑芯片和量子计算机）。各个公司目前面临的问题，有待进一步深入研究。

二、结构不清晰，没有总括句，不利于读者阅读。如：

例2

首先上市在初期时对阿里的发展起到了巨大的作用，为其提供了大量的资金用以稳固原有市场。最明显的便是市场规模占有率的大幅上涨以及公司营收大幅上升。但在进入了市场低谷期时，股价明显对阿里的市场信心造成了相当影响，同时伴随着金融危机，使得阿里本身的营销策略发生了变化。其次可以得出资金流的充裕以及上市后所获得的名声使得阿里在开发新市场时更加容易，最为直观的便是企业对个人的淘宝网，使得用户以及交易额大幅上涨。通过这两条结论，可以看到，上市对企业的主要帮助有：(1) 注入大量资金流；(2) 企业名声的提升；(3) 加速业务发展。这些要点为阿里的后续发展铺平了道路，使得公司发展更加迅速，也在一定程度上缓解了2008危机带来的进出口市场萎缩所造成的困难。我们期待未来阿里有更好的表现。

修改后：

本文首先分析了上市对阿里的发展产生的作用。可以看到，上市初期对阿里的发展起到了巨大的作用，为其提供了大量的资金，可以用于稳固原有市场。最明显的便是市场规模占有率的大幅上涨以及公司营收大幅上升。但在进入了市场低谷期时，股价明显对阿里的市场信心造成了一定的影响，同时伴随着金融危机，阿里本身的营销策略也发生了变化。我们还发现资金流的充裕以及上市后所获得的名声使得阿里在开发新市场时更加容易，最为直观的便是用户以及交易额大幅上升。我们将上市对企业的主要作用总结为三点：(1) 可以注入大量资金流；(2) 提升企业名声；(3) 加速业务发展。这为阿里的后续发展铺平了道路，使得公司发展更加迅速，也在一定程度上缓解了2008年危机带来的进出口市场萎缩所造成的困难。我们期待未来阿里有更好的表现。

三、从内容上看，只是完全重复了前文的结论，没有一点余论。如：

例3

综合以上六个方面的分析，我们可以得出以下简短的结论。我们发现：（1）微信女性用户比男性用户更加活跃。基于女性的性格、微信好友数量、使用时间、参与度等多方面因素，得到相应的结果。（2）女性用户在朋友圈内的人际互动主要目的是释放情绪、分享快乐、发泄苦闷等。（3）朋友圈的互动根本没有加深人际交往。虽然诸多微信功能是为了能够收发信息进行交流，可是简单的收发不会促进人际交往，更谈不上加深人际交往了。

修改后：

综合以上六个方面的分析，我们可以得出以下简短的结论。我们发现：（1）微信女性用户比男性用户更加活跃。基于女性的性格、微信好友数量、使用时间、参与度等多方面因素，得到相应的结果。（2）女性用户在朋友圈内的人际互动主要目的是释放情绪、分享快乐、发泄苦闷等。（3）朋友圈的互动根本没有加深人际交往。虽然诸多微信功能是为了能够收发信息进行交流，可是简单的收发不会促进人际交往，更谈不上加深人际交往了。我们建议丰富校园文化生活或通过别的渠道、交流平台来加深人际交往。另外随着社交网络的发展，希望能够进一步研究真正有效的人际交往的渠道。

::练习::

一、结语包括哪些内容？

二、结语与引言、摘要有什么不同？

三、分析下列结语都包括哪些部分。

1. 从《日夜书》到《修改过程》，韩少功所书写的知青命运在历史的不断演进和社会的不断变革中被重塑和修改，这些知青叙事也留有韩少功鲜明的个人印记，从空间叙事的维度，体现出韩少功关切现实的另一种尝试。首先，在结构的空间设计上，中国套盒式的叙述使韩少功的小说文本具有了立体感，通过"过程"的再现和源自主客观因素的"修改"，韩少功将1977级大学生的青春、成长和所处时代社会历史的变迁都尽可能地以讲故事的形式记录了下来。其次，在人物的空间塑造上，小说借助对空间的描写衬托出20世纪80年代社会市场化后的典型人物，功利主义和虚无主义使得他们在烟火红尘之中不断奋斗和抗争，最终所求不过一场虚妄。最后，在语境的空间运用上，校园及其相关突显时代特征的空间场所成为叙述者记忆的载体，显现出独属于韩少功那一代人的时代印痕。由此，韩少功在他的小说文本中不仅完成了对"有意味的形式"的美学探索，使文字的线性逻辑展现出立体的空间性特征，也借由这种空间书写进一步推动自身对知青命运的深刻思考，使作家此次"修改"的"过程"具有了应有的宽度和深度。（罗瑶、文坤怿，《韩少功长篇小说〈修改过程〉的空间叙事特征分析》，《中国文学研究》2022年第4期）

2. 由以上论述可见,《骆驼祥子》的叙事情感是民间的,具有深厚的民间情怀、农民情感,那么作家的民间情怀、农民情感又是从哪里来的呢?概言之,老舍的农民情感来自北平的贫民窟、北平的乡间以及母亲的精神教养。首先,老舍出身贫寒,"因为从小儿就穷,生活在穷苦人群之中,北京的大杂院、洋车夫、赶驴脚的、拉骆驼的,全是他的朋友,他都有深刻的了解。天桥的说相声的,唱大鼓书的,耍狗熊的,耍把式的,卖狗皮膏药的,他均极熟悉"。这样的生长生活环境,自然培育了他的贫民意识、贫民情感。而北京大杂院里的洋车夫、赶驴脚的、拉骆驼的贫民情感与乡间的农民情感也有着相融相通的地方,何况洋车夫祥子进城后还固守着农民意识、农民情感呢。这样看来,老舍的贫民情感中自然也融通了农民情感的成分。其次,民间文化的熏陶和浸染,也滋润了他的民间情怀和贫民情感。老舍从小就喜爱民间文艺,像民间艺人献艺的戏团、茶馆、地摊、庙会等场所,也是早年老舍常去光顾的地方。据老舍好友罗常培的回忆,他在上小学三年级的时候,常与老舍一起到一小茶馆里听《小五义》和《施公案》,到能读书的时候,老舍就入迷地读《三侠剑》《绿牡丹》之类的小说,有时还沉浸在作品人物的情感世界里。再次,老舍接受了母亲农民精神特质的教育影响。老舍的母亲来自乡间,母亲娘家住在北京德胜门外土城黄亭子村,以务农为主。老舍曾述:"母亲的娘家是北平德胜门外,土城儿边,通大钟寺的大路上的一个小村里。村里一共有四五家人家,都姓马。大家都种点不十分肥美的地,但是与我同辈的兄弟们,也有当兵的,作木匠的,作泥水匠的和当巡察的。他们虽然是农家,却养不起牛马,人手不够的时候,妇女便也须下地作活。""母亲生在农家,所以勤劳诚实,身体也好。这一点事实却极重要,因为假若我没有这样的一位母亲,我以为我恐怕也就要大大的打个折扣了。"老舍说:"把性格传给我的,是我的母亲。母亲并不识字,她给我的是生命的教育。"她培育了老舍好客、守秩序、正直、温厚的性格,尤其是母亲的勤劳坚忍精神,更成为老舍崇尚歌颂的对象。母亲的生命教育、农民精神特质的影响,也是老舍民间情怀、农民情感的源地。老舍由幼年的生活环境、文化教养、母亲的生命教育所影响培育的民间情怀、农民情感,到他创作时,很自然地渗入到他所描绘的"乡下人"身上,形成了叙事情感上的民间特色。(谢昭新,《论〈骆驼祥子〉"说"与"写"的民间叙事艺术》,《民族文学研究》2013年第5期)

3. 在国际社会追求实现"碳达峰"与"碳中和"目标的背景下,全球能源结构更趋多元化,可再生能源比重持续上升,在中东化石能源有限的国家取得巨大进展,而在一些生产和出口大量化石能源的国家能源转型进展相当缓慢。IEA发布的《2022年可再生能源报告》指出,受新冠疫情和乌克兰危机引发的能源危机推动,各国可再生能源装机明显提速,未来五年全球装机增量有望接近此前五年增量的两倍。全球可再生能源发电装机容量将在2022—2027年间增加2400

吉瓦，占全球电力增量的 90% 以上。到 2025 年初，可再生能源将超过煤炭成为全球第一大电力来源。此次能源危机将成为一个历史转折点，让全球能源系统更清洁、更安全。中国与中东国家的能源转型合作也将迎来新的发展机遇。（魏敏，《能源转型背景下的中国与中东能源合作》，《当代世界》2023 年第 2 期）

四、分析下面这篇文章的摘要、引言与结语并回答问题。

【摘要】城市学习环境的建设和发展是学习型城市建设的重要支持，"人"开始成为社会和城市发展的关注重点，市民学习体验日益受到重视。文章以《2016 中国城市智慧学习环境指数报告》的调查研究为基础，从城市"学习者"视角出发，深入地分析学习体验内涵，从学习投入、学习方式和学习成效三方面探寻市民学习体验特征，指出各城市间市民的学习体验感知度存在差异，学习投入、学习方式和学习成效间存在一定相关性，人均 GDP 与学习投入呈弱相关，市民学习体验的自我感知具有性别和年龄差异。

引 言

　　终身学习、学习型社会理念已被社会各界广为接受。建设学习型城市是实现学习型社会的重要基石，学习型城市的建设和发展正由工具理性向价值理性转变，形成以"人"为核心的发展目标。城市中市民的学习日益受到各界重视，2013年首届"国际学习型城市大会"通过的《建设学习型城市北京宣言》，提出系列重要举措以促进人们在学校、家庭、社区、职场等不同类型场域中的学习。正式和非正式学习研究以及移动学习、泛在学习等的发展，提示人们不仅要分析学习者在单一场域中的学习，还要关注其跨场域的学习，即从城市视角综合审视各类学习环境对市民学习的整体支持作用。

　　城市建设不仅重视各类场域中的学习环境建设，而且开始关注市民的学习体验。如联合国教科文组织终身学习研究所制定的"学习型城市关键指标框架"，强调了市民学习体验的内容；北京师范大学智慧学习研究院发布的《2016中国城市智慧学习环境指数报告》，也将城市创新发展环境、场域智慧学习环境和市民智慧学习体验作为中国城市智慧学习环境测评指标体系的三个一级维度。为了深入了解市民学习体验的总体特征，本研究采用城市视域，从城市建设的角度出发，在北京师范大学智慧学习研究院开展的城市智慧学习环境测评研究的基础上，分析在城市中作为学习者的市民的学习体验的若干特征及影响因素，具体包括：①从市民视角来看，其学习体验的几个具体组成部分之间是否具有相关性；②城市经济发展水平等因素与市民学习体验的感知是否存在相关性；③市民学习体验的感知是否存在性别和年龄差异。

结　语

在城市中，市民的学习体验要关注他们在学习过程中对学习环境、资源和方式等的感知、反应和绩效。本研究主要从学习投入、学习方式和学习成效三方面对城市视域下市民的学习体验特征进行了分析。主要结论如下：

①各城市市民的学习体验感知度参差不齐。68 个城市的市民在学习成效自我感知方面比较接近，但学习方式自我感知的差异相对较大。

②学习体验的三个维度——学习投入、学习方式和学习成效彼此显著相关，学习投入和学习方式之间相关性相对较强，而学习投入和学习成效之间相关性相对较低。市民年均阅读量与学习投入、学习方式、学习成效的多项测评指标均显著相关，这说明了阅读对于市民学习的重要性。

③在城市经济发展水平方面，人均 GDP 与学习投入指数呈弱相关。

④市民学习体验的自我感知具有性别和年龄差异——随着年龄段的升高，各年龄段中有阶段性学习目标的市民比例却降低，这从某个方面反映出市民自主控制和调节学习进度的情况有可能随年龄的增长而减弱；男士对周边学习环境的满意度高于女士，但二者对学习成效的感知却无明显差异。此外，市民对学习环境和学习成果的满意度也存在年龄段的差异——18～35 岁市民对学习环境的满意度最低，而 61～70 岁市民对学习环境的满意度相对较好；市民对"学习对其知识和技能提升"的支持程度的满意度随着年龄段的升高而降低。

本研究是对市民学习体验特征的初步探析，在今后的研究中，可以进一步验证并分析上述结论的可能原因，深入探究其他因素和特征对市民学习体验的影响。另外，可以增加调研的城市范围，修订调研问卷，进一步完善市民学习体验的特征分析。(庄榕霞等，《城市视域下市民学习体验的特征分析》，《现代教育技术》2016年第12期)

1. 这篇文章的摘要与结语有什么不同？

2. 这篇文章的结语是否回答了引言中提出的问题？

3. 这篇文章的引言与结语在表述上有什么不同？

4. 这篇文章的结语除了研究结论，还包括什么内容？

5. 这篇文章的结语用了哪些连接性的词语？将它们写下来。

6. 归纳结语里有用的句式，并把这些句式写下来。

第十二讲 论文的摘要与关键词

学习目标

1. 学习摘要的写法
2. 学习如何提取关键词

摘要的作用

摘要(也叫"提要")是整篇论文的浓缩,反映了论文的整体面貌。从写作顺序上说,论文摘要可以在完成论文之后再写。但从阅读顺序上来看,读者阅读论文时首先读到的是题目、作者,然后就是摘要与关键词。如:

互动语言学视角下汉语二语
教学行为大纲的构建*

张 文 贤

提要 行为是互动语言学研究的核心内容之一,也是汉语二语教学的重要内容。文章介绍了行为的概念以及特点,然后在分析前人教学大纲的基础上构建了汉语二语教学行为大纲。虽然前人提出的教学大纲零星涉及到了行为,但是存在归类不严谨、场景与行为混淆、不同层面交织在一起等问题。文章结合互动语言学的研究成果,将与教学相关的行为分为宽行为与窄行为。宽行为包括询问类、请求类、评价类、告知类、建议类五大类,每类宽行为均包含若干窄行为,窄行为还包括问候、感谢等数十种。文章重点对宽行为进行了解释,并对宽行为与教学不同层级、典型场景、语言形式的对应关系进行了说明。最后,文章还给出了将互动语言学的研究成果以及行为大纲应用到汉语口语教学的示例,展现了互动语言学的应用价值。

关键词 大纲;行为;口语;汉语二语教学;互动语言学

因此，写好摘要非常重要，读者会通过摘要判断是否继续阅读全文。一篇文章写得再好，但是如果摘要写得不好，仍然会失去很多读者。

摘要的构成

一般期刊论文的摘要字数在 300 字左右，学位论文的摘要稍长一些，字数在 800～1500 字。完整的摘要包括研究背景、研究方法与研究内容、研究结果、后续效应。其中，最重要即需要详细说明的内容是研究方法与研究内容、研究结果，其他部分简单带过即可。

例 1

对外汉语写作课教学的验证性研究

文章通过问卷调查和对学习者的动态跟踪，对写作课教学活动进行了反馈性检验研究【研究方法+研究内容】：（1）对写作课教学进行主观评估调查，调查内容包括对教学方法、写作进步程度及作文批改的关注点的主观评价。【具体研究内容一】结果显示：学生在写作课的学习中比较重视词汇、语法知识以及汉语表达习惯；对写作进步明显的感知体现在写作速度的提高上；教师和学生对写作课教学的主观认识存在差异。【具体研究内容一的研究结果】（2）对作文的跟踪分析，主要考察文本长度、词语语法偏误比率和连接偏误比率三个方面。【具体研究内容二】结果显示：作文的词语语法的偏误总体上出现下降趋势；在连接上的提高比较复杂，学习者之间差异明显。【具体研究内容二的研究结果】

（辛平，《云南师范大学学报（对外汉语教学与研究版）》2009 年第 2 期）

例 2

浅析文化在国际关系中的作用

　　文化在国际关系中的作用随着冷战的结束而突显出来。【研究背景】本文从国家、国际和全球三个层面来具体分析文化在国际关系中的作用。【研究内容】在国家的层面上,文化既是一个国家制定政策的背景,又是国家实力的一部分;在国际层面,文化是霸权国家和反霸权国家间斗争的重要方面,与国际合作和国际冲突有非单向的关系;在全球层面,全球化催生的全球文化对国际关系会起到良性的作用。最后,探讨了中国在国际关系中可资利用的文化资源。【研究结果】

(杨阳,《现代国际关系》2002 年第 4 期)

　　一篇摘要里可以都是研究结果,比如:

例 3

韩少功长篇小说《修改过程》的空间叙事特征分析

　　韩少功认为小说应该是一种"有意味的形式",他在长篇小说《修改过程》中进一步深化了对文体实验的探索,借助空间叙事方式,通过结构形式、人物塑造和记忆书写三个层面进一步强化小说的实验特性,使得小说作品更加具有某种时代意蕴,这种时代意蕴作为一种无意识呈现出知青岁月在韩少功身上留下的深刻印痕。

(罗璠、文坤怿,《中国文学研究》2022 年第 4 期)

摘要常用的句式

研究背景包括选题缘由、研究现状和存在的问题、研究目的，常用的句式有：

（1）……，但是……

（2）……，而……

（3）……，以……

研究方法与研究内容阐明论文所采用的方法以及所研究的问题，常用的句式有：

（1）本文对……进行了分析与探讨

（2）本文对……进行了调查

（3）本文考察了……

（4）本文探讨了……

（5）本文运用/采用……方法，深入分析了……

（6）通过……（方法），对……（问题）进行了研究

（7）本文从……角度出发，对……做了思考

（8）本文以……为调查对象，分析了……

研究结果详细说明论文所得到的结论，常用的句式有：

（1）结果显示，……

（2）结果表明，……

（3）调查显示，……

（4）研究发现，……

（5）文章发现，……

后续效应指的是作者根据文章的研究结果提出的相关建议或后续研究，常用的句式有：

（1）根据研究结果，我们提出……的建议

（2）文章最后提出，可以……

（3）文章最后给出了具体的建议：……

（4）因此，应该……

（5）……，以期……

常见问题例释

摘要写作最常见的问题就是全是研究背景或者研究背景过于详细，应该将背景信息删去或进行简单描述，详写研究结果。

摘要写作另一个常见的问题是写得过于笼统，读者通过读摘要得不到全文的信息。如：

例1

当前中国移动互联网发展迅速，打造出短视频快速流行起来的现象。虽然短视频平台处于高速发展期，带来了许多新兴的文化娱乐方式，但在发展过程当中也给文娱产业造成不少危害，引起了一些争议。本文基于专家看法、新闻报道、政府工作报告、行业数据以及问卷调查，探讨了短视频平台对中国文娱产业的影响。

修改后：

中国移动互联网发展迅速，短视频平台处于高速发展期，带来了许多新兴的文化娱乐方式。本文基于专家看法、新闻报道、政府工作报告、行业数据以及问卷调查结果,探讨了短视频平台对中国文娱产业的影响。研究发现,应采取更严格的监管措施来消除短视频平台对文娱产业的不利影响。

写摘要时还要注意语言表达的学术化,请对比下面修改前与修改后的摘要:

例2

信息不对称导致的逆向选择问题浅析

——基于阿克洛夫的逆向选择理论

市场中的信息不对称会使市场中的价格机制和竞争机制失去作用,从而给经济活动带来很多不好的影响,如逆向选择、劣币驱逐良币,使本来可以实现的贸易无法实现,以及社会福利损失等,严重危害市场。本文基于阿克洛夫的逆向选择理论,探讨逆向选择给经济活动带来的具体危害,并结合现实生活中的实例,运用斯宾塞经济学模型,给出治理信息不对称的两种不同角度的解决措施。

修改后:

市场中的信息不对称会使市场中的价格机制和竞争机制失去作用,从而给经济活动带来很多不利的影响,不仅导致本可以实现的贸易无法实现,还会引起社会福利损失等一系列问题。本文基于阿克洛夫的逆向选择理论,探讨了逆向选择问题给经济活动带来的具体危害,并结合现实生活中的实例,运用斯宾塞经济学模型,给出治理信息不对称的两种不同角度的解决措施。本文的研究结论为维护良好的市场秩序提供了参考。

例3

双 11 天猫晚会中的修辞艺术研究

阿里巴巴集团自 2015 年起打造的天猫双 11 晚会，简称"猫晚"，成为全球消费者的节日。猫晚精彩的节目、丰富的宣传手段为其创造了极高的收视率。对于晚会的修辞艺术研究相对比较薄弱，本文探讨了 2020 年猫晚的宣传内容、广告视频、观众弹幕、主持人发言和嘉宾表演中的修辞艺术有什么特点和宣传功能。目的是了解哪种修辞艺术有助于提高猫晚的宣传效果和感染力。因此观察发现，猫晚中最有特色的修辞艺术有反复修辞格、借代修辞格、语音修辞手段和综合视觉修辞，其修辞艺术在猫晚中各有相应的修辞功能和作用，给猫晚带来了极佳的渲染力、亲和力、趣味性和灵活性。

修改后：

阿里巴巴集团自 2015 年起打造的天猫双 11 晚会，简称"猫晚"，<u>已</u>成为全球消费者的节日。猫晚精彩的节目、丰富的宣传手段为其创造了极高的收视率，<u>但</u>对于晚会的修辞艺术研究相对比较薄弱。本文研究了 2020 年猫晚的宣传内容、广告视频、观众弹幕、主持人发言和嘉宾表演中的修辞艺术的特点<u>与</u>宣传功能，<u>以探究</u>哪种修辞艺术有助于提高猫晚的宣传效果和感染力。观察发现，猫晚中最有特色的修辞艺术有反复修辞格、借代修辞格、语音修辞手段和综合视觉修辞，<u>这几</u>种修辞艺术在猫晚中各有相应的修辞功能和作用，给猫晚带来了极佳的渲染力、亲和力、趣味性和灵活性。

关键词

关键词一般为 3～5 个,体现文章的主要内容。文章中高频出现的词语或者反映文章特点的词语都可以作为关键词。关键词是为了检索的方便,因此在提取关键词时一定要考虑读者可能会检索哪些词。关键词不能全部宽泛或者全部具体,避免使用"成果""问题""展望""综述""研究内容"这样没什么实际内容的词。其中有一个关键词可以是概念比较宽泛的上位概念,以便检索。

关键词之间用分号(;)或者空格隔开。例如《对外汉语写作课教学的验证性研究》这篇文章的关键词是"对外汉语教学;写作教学;验证研究",《司法过程的政治约束——我国基层人民法院审判委员会运行研究》这篇文章的关键词是"基层法院;审判委员会;法官;政治约束;社会网络"。

::练习::

一、摘要包括哪些内容?

二、如何避免摘要写得过于笼统?

三、请分析下列摘要,说明该摘要包括哪几个部分,并找出摘要中的常用句式。

1. 能源转型是中东国家实现经济多元化和可持续发展的必由之路,也是中东国家经济社会正在进行的一场重大变革。在应对全球气候变化的大背景下,中东能源转型逐步形成了基于国家资源禀赋特征的独特方式,即以实现可持续发展与碳中和为核心目标,通过建构现代低碳、经济适用的能源体系最终实现经济多元化。国家主导的能源结构转型和科技引领的能源技术转型成为中东能源转型的鲜明特点。中国与中东国家在能源转型合作方面仍面临政策、技术等层面的诸多挑战。未来中国与中东国家应创新能源转型合作模式,在能源基础设施建设、可再生能源和清洁能源技术等方面加强合作,积极应对全球气候变化。(魏敏,《能源转型背景下的中国与中东能源合作》,《当代世界》2023年第2期)

2. 本文从怎样为以交际为中心的教学法提供便利的角度出发,对对外汉语初级口语教材的语料编写做了一些思考。教材在语料选择方面,要区别"所听"与"所说",选择学生最需要的符合口语特点的句子和语段,把重点从注重语法规则转移到关注交际信息上来;在语料编排方面,课文的会话、独白段落不宜长,不厌多,可以适当打破生词、课文、注释、练习的严格界限。文章还对以情景为中心编排课文进行更深的思考,认为应当区别与情景关系不同的言语交往行为,注意属于交换信息的环境非受定言语活动,为语言点教学提供典型语境。文章最后从教学法角度分析了区别教师用书和学生用书的必要性。(李海燕,《从教学法看对外汉语初级口语教材的语料编写》,《语言教学与研究》2001年第4期)

  3. 使用移动社交媒体开展老年教育,可以有效缓解当前老年人学习需求增多与老年学校资源不足的供需失衡问题,有助于推动老年教育规模化、均衡化发展。以老年大学学习者为研究对象,核心目标是调查老年人使用移动社交媒体开展学习的学习适应性,采用解释性序列混合研究方法,围绕学习现状、学习内容、学习活动、学习动机与态度、学习障碍等五个维度收集了量化数据与质性数据,并进行结合分析。研究表明:老年群体分为完全自主个体和非完全自主个体,均具备一定的移动学习适应性;更偏好健康类、个人兴趣类、视频类学习内容;学习活动以低阶认知层为主,缺少高阶认知活动;更关注移动社交媒体的互动社交功能和自身兴趣相关内容,对使用社交媒体学习抱有积极但谨慎的态度。最后提出遴选老年人熟识的学习工具、开发碎片化内容、开发高阶认知层学习活动、提供高质量学习支持服务等策略以提升老年人学习适应性。研究为老年教育领域研究者、管理者、教师提供了数据支撑和策略参考。(赵姝等,《基于移动社交媒体的老年人学习适应性分析》,《电化教育研究》2020年第11期)

4. 城市学习环境的建设和发展是学习型城市建设的重要支持，"人"开始成为社会和城市发展的关注重点，市民学习体验日益受到重视。文章以《2016 中国城市智慧学习环境指数报告》的调查研究为基础，从城市"学习者"视角出发，深入地分析学习体验内涵，从学习投入、学习方式和学习成效三方面探寻市民学习体验特征，指出各城市间市民的学习体验感知度存在差异，学习投入、学习方式和学习成效间存在一定相关性，人均 GDP 与学习投入呈弱相关，市民学习体验的自我感知具有性别和年龄差异。（庄榕霞等，《城市视域下市民学习体验的特征分析》，《现代教育技术》2016 年第 12 期）

四、分析下列不好的摘要，指出其中的问题。

1. 本文通过检索国内外相关论文，主要从研究方法和研究内容两个方面，对我国大学生上网情况的研究进行了综述。在综述的基础上，指出了国内在该领域已取得的成果和尚存的问题。最后，对今后的研究提出了一些建议。

2. 随着网络进驻大学生的生活，关于大学生网络生活方式的研究日益成为思想政治教育工作者关注的焦点。目前对网络社会与网络文化的研究，虽然在研究方向和侧重点上有所不同，但更多体现出来的特点是各学科相互交叉重叠甚至整合。对网络生活行为方式的探讨，在各门社会科学有关网络社会与网络文化诸议题的研究中，更是重点和热点之一。

3. 国内外学界对网络领域的社会科学研究，涉及社会学、传播学、心理学、人类学、民族学、政治学、经济学、管理学、文化研究等诸多学科。由于这些学科大都是在回应现代性社会转型过程中形成和发展起来的，是对现代性进行理性反思的知识形态，其理论视角、研究主题、问题意识和概念架构虽有所不同，但也有交叉重叠。本文总结了不同的社会科学学科目前对网络社会与网络文化的研究。

4. 本文对青海民族大学学生利用网络学习和生活的情况进行了访谈和问卷调查，通过对调查结果的分析，发现目前大学生利用网络无论是学习还是生活都存在诸多的问题，为此，本文提出了改变这些不良现象的一些想法和对策。

五、如何提取关键词？

六、根据下列摘要，提取关键词。

1. 大数据时代网络数据安全与个人信息安全成为亟待关注的时代议题，加强个人信息保护面临现实的需求与挑战。我国刑法现有的规范体系和个人信息保护模式存在不足。具体而言，公民个人信息的概念界定上采静态方式，规范层面范围狭隘，而理论层面的范围空洞；现有的个人信息保护模式没有将信息权视为本源性权利，落实中具体要素和内在结构不明晰。因而难以应对现实需求实现对公民个人信息的有效保护。本文深入探究了网络数据安全背景下公民个人信息的刑法保护路径，从动态的概念解释，到识别标准的建立，再到权限理论的分阶段运用，极为细致地研究了公民个人信息保护的各个环节。同时，本文梳理了网络数据到个人数据、个人信息的相关概念，以数据和信息为核心建立内部关联,构建了完整协调的个人信息保护层面的信息刑法体系。(李源粒,《网络数据安全与公民个人信息保护的刑法完善》,《中国政法大学学报》2015 年第 4 期)

关键词:

2. 薪酬满意度的动力机制是薪酬管理的核心问题。通过对三地多家企业 358 份有效问卷的统计分析,研究了薪酬满意度与薪酬比较、组织公平感的关系。探索性因素分析结果表明,薪酬比较包括自我比较、本单位比较、外单位和家庭比较三个因素。结构方程建模的结果显示,薪酬比较中的自我比较、外单位和家庭比较通过分配公平和程序公平的完全中介作用影响薪酬满意度的四个维度,得出薪酬管理中薪酬满意度"比较—公平—满意"的动力机制;分配公平比程序公平的中介作用大;薪酬比较对薪酬满意度的影响较大。(于海波、郑晓明,《薪酬满意的动力机制:比较、公平、满意》,《科学学与科学技术管理》2013 年第 6 期)

关键词:

3. 文章选择了美国创客教育中与教学评价相关的四个案例，从评价主体、评价工具、评价内容、评价过程和评价目标五个方面对其进行介绍和分析，以期对我国创客教育的教学评价研究和实践有所启示。文章认为，创客教育教学评价的主体目标是力促学生成为具有创客意识和创客能力的学习者。凸显学生评价主体地位是达成此目标的前提基础；采用真实性评价理念，综合应用多种评价工具对包括发现和解决问题能力、创新能力、实践能力、协作能力以及分享意识等内容开展过程性评价，是达成此目标的重要途径。（郑志高、张立国、尚国娟，《美国创客教育教学评价案例的分析与启示》，《现代教育技术》2016年第12期）

关键词：

4. 越来越多的中国女性开始追求一种与中国传统的审美标准不同的身体观，她们渴望拥有更加健康和强壮的身体，此一理念促发了中国女性的健身热现象。文章借助后女性主义健康主义的视角对此现象进行了分析。该视角将妇女的健康问题界定为个人责任，在这种情况下，女性必须通过自我改造和消费主义的做法来管理自身健康。通过对女性美、健康的社会建构与身体想象之间的内在逻辑进行梳理，文章得出的基本结论是：在当下的社会文化语境中，中国女性的健身热主要包含"自觉健康"和"视觉健康"两个向度。这两个向度不仅是"当下"视野中文化变迁的一个缩影,也对包括体育运动在内的民生的改善和发展具有一定价值。(杨秋月,《"自觉健康"与"视觉健康":对中国女性健身热的一种解读》,《西北民族研究》2022年第6期)

  关键词:

七、从网上检索本专业的一本重要期刊,浏览最新一期发表的论文,找出一篇你认为写得最好的文章,介绍这篇文章的摘要与关键词。

部分练习参考答案

第二讲

练习六

1. 检索词太多，不集中，可集中在：线上教学、留学生、心理。
2. 筛选出的文献（2）（3）和研究主题相距较远。

第三讲

练习七

四个章节之间的逻辑关系是：说明问卷调查的实施——问卷调查结果总体情况介绍——对调查结果进行分析——发现的问题，得出的结论。

第四讲

练习五

（一）身份认同是指对自己及自己所应归属的群体的认识，在这个过程中包含情感体验、行为模式调整等。喝奶茶某种程度上代表了时尚，也是从众的一种表现。

（二）喝奶茶行为本身也是一种休闲慢生活的表现。

（三）近年来奶茶传入大陆后，不断进行创新，使得奶茶文化增加了休闲、社交的特征，满足了年轻人对慢生活的需求。

第五讲

练习三

1. 该文第四部分对全文内容进行了总结，并强调了语言交流的重要性。

2. 该文为刘伯红和卜卫 1997 年所作,深入解析了当时广告环境中的女性形象,并对歧视广告的特征、产生原因进行了分析,其结论至今仍具实效性,对广告行业起到了警示性作用。

3. 《认知的科学》一文发表于……,作者是……,该文介绍了认知心理学的有关知识,对理解人工智能技术很有启发。

4. 该书语言清新有趣,表述生动。

5. 新闻必须保证真实性,否则就会失去大众的信任,进而导致政府失信。希望新闻从业者能坚持信念,以保证新闻真实性。

6. (二)论文结构完整清晰。该文首先介绍了霍夫斯泰德及其五个文化维度的具体内容,然后分五个段落,分别基于五个文化维度,对中美新闻界文化差异进行了对比。全文层次清楚,结构完整,内容易于理解。

7. 该文对所谓的两个具有较高预测效度的测试相结合的人格测试这一表述,仍让人有很大的疑问。

第六讲

练习五

1. 研究方法 + 研究内容
2. 研究对象 + 研究内容
3. 研究对象 + 研究方法 + 研究内容

练习六

1. 俄罗斯经济现代化:背景、布局与困境
2. 交际策略教学法研究——以"商务汉语口语交际"课为例
3. 语言变革对中国现代文学形式发展的深度影响

4. 二语课程中的语言输出与二语发展——香港高校本科生课程英语写作的个案研究

5. 基于大数据的电视综艺节目精准营销

6. 国外专业口译教学的调研报告——兼谈对我国翻译专业办学的启示

练习七

1. 题目过大，建议缩小到某一个具体的人物。
2. 题目过大，建议添加具体的研究对象。
3. 题目不够明确，建议添加研究方法，细化研究内容。
4. 题目不够明确，建议添加副标题，细化研究内容。
5. 表意不清，没有说要研究"新媒体与电子商务"哪个方面的问题。

第七讲

练习七

直接引用：

王继新、王菲（2022）认为："任何一段健康的恋爱关系都必须建立在一定的感情基础之上，如若感情中混入了太多的杂质，那么出现恋爱冲突便是不可避免的。"

间接引用：

王继新、王菲（2022）认为目前大学生选择恋爱的原因较为复杂，不一定是基于爱情的原因。

基于爱情选择进入恋爱关系是理想化的情况，目前现实中大学生选择恋爱的原因较为复杂。（王继新、王菲，2022）

练习九

主要问题是研究背景中体现出的研究主题与论文的具体研究问题

在内容上有偏差，不完全一致。修改的方向是减少研究背景中与具体研究问题无关或者关系不大的因素。

修改建议 1：

主要谈的是大学生奢侈品消费的影响因素，是对美的追求还是受奢侈品网络营销的影响。网购和奢侈品消费没有关系，只涉及购物方便的问题，与这篇论文的研究无关。可以在引言中删去网购的内容，集中调查大学购买奢侈品的动因。

修改建议 2：

也可以对大学生奢侈品消费观进行调查，调查的问题不局限在网络营销的影响，还可以包括满足虚荣心、资金充足、有特殊的用途等。

第八讲

练习五

1. 本文以太平天国领导层对妇女的态度变化为切入点，对造成太平天国最终失去民心、统治瓦解的原因进行分析。

2. 2020 年《原神》开启全平台公测后，其创收金额远高于《王者荣耀》和《绝地求生》。《王者荣耀》《绝地求生》在过去两年内分别创收 550 万美元和 490 万美元，而《原神》不到两年已创收 37 亿美元。

3. 本文首先从预算管理过程、预算编制、预算执行、分税制和转移支付等方面对中国政府财政预算管理现状进行了分析，然后讨论了中国预算改革的现状与存在的问题，并结合国外预算改革案例提出了一些建议。

4. 个人主义、对未来不确定及经济困难等原因导致的年轻人低生育率现象日益突出。

5. 随着韩国老龄化与低生育率程度的不断提高，年轻人赡养老人的压力也不断加大，年金基金库可能枯竭的问题逐渐成为很多老人担心的问题。

6. 由于华人生育率逐年下降，目前马来西亚华人仅占全国人口总量的百分之二十左右。随着华人人口比例的降低，华人在马来西亚的政治影响力也大为减弱。

7. 近年来，新冠疫情的爆发，在全世界引发了金融风波，泰国也在社会与经济层面受到了沉重的打击。

8. 该研究应在人工智能对制造业的反作用方面进行更深入的分析，以便让读者更全面地了解人工智能对制造业的影响。

9. 根据该书的解释，所谓乡土本色，可以理解为是一种改不掉的习惯。

10. 4G 手机的普及和 5G 网络的搭建，促进了移动互联网的广泛应用和深入发展，繁忙生活的常态化使得碎片化移动应用场景下的娱乐需求增加，从而促成了中国短视频平台的迅速崛起。

第九讲

练习六

调查结果显示，43.10% 的男生将每天微信使用时长控制在半个小时以内，相比之下，女生每天使用微信时长超过 5 个小时的占比最大，达 27.45%，控制在半个小时之内的只占 10.78%。可见，女生每天使用微信的时间普遍多于男生。

练习七

不妥之处主要存在于具体的调查题目的设计上。

1. 消费状况应该包括消费的频次、所花费的金额以及购买东西的种类等，不应包含"费用不足怎么办"这类问题。

2. 不应把"基础信息"放在促使产生消费欲望的因素这部分。

3. "有消费欲望但没有消费能力的时候怎么办"不应该包括未来工资和理财的问题。

第十讲

练习四

1. 社会效益相对于经济效益而言，其内涵更为丰富。

2. 本文将从 A 和 B 这两方面对……进行浅析。

3. 本文拟通过阐释中国政府预算管理体制中的分税制和转移支付制度现状，并将之与西方国家的相应制度进行比较，探讨中国预算改革中可能存在的问题并提出一些建议。

4. 本文拟对中国春节与泰国宋干节的传承与演变进行对比分析，目的是更加深入地了解不同国家文化的特点，促进中泰两国人民的文化交流。

5. 本文认为中国大学生学习态度较好，而日本大学生的学习态度似乎不够认真。日本教育家对于日本大学生学习态度方面的研究大多只是通过对比日本大学过去与现在的情况而得出结论，将日本大学生与国外大学生学习情况进行对比的研究相对薄弱。

6. 由此可见，多数电视台都遇到了收视率不断下降的问题，甚至是生存问题。本文拟从经营、规定、策略这三个方面，对 KBS 电视台目前存在的问题进行分析，并通过与奈飞、YVN 等韩国民间电视台的对比，提出具体的解决方案。

7. 中国哲学与西方哲学不同，黑格尔、康德等西方哲学家探讨的是一种逻辑导向的严格的美学知识理论，而中国哲学更注重以人生境界为中心的人生论和价值论，其最高境界是"不可言说"。因此，中国美学的"美"也不同于西方，主张"美在意向"。

8. 图 1 和图 2 分别为女生和男生微信好友数量统计结果。图 1 显示，微信好友数量为 150～250 名的女生占比最大，为 26.29%，其次为 50～100 名的，占 23.20%。图 2 显示，微信好友数量在 50 名以下的男生偏多，占 33.96%，微信好友数量在 500 名以上的男生占比为 0。相比之下，有 4.12% 的女生微信好友数量为 500～700 名，甚至有 0.52% 的女生微信好友数量达到 1000 名以上。可见，女生比男生更喜欢使用微信交朋友。

9. 该研究有助于提高留学生学术汉语写作课教学方案的针对性，提升留学生学术汉语写作能力。

10. 截至 2018 年 7 月，共有 113 万余个违规账号被封禁，810 万条有害短视频被查删拦截。恶劣的同质化内容批量生产导致恶性循环效应产生，使得真正高质量的内容被严重低估，这妨碍了短视频行业的发展。

第十二讲

练习六

1. 网络数据；个人信息；安全；刑法；体系完善

2. 薪酬满意度；薪酬比较；组织公平感

3. 创客教育；教学评价；案例分析

4. 体育人类学；健身热；女性美；健康治理；后女性主义健康主义